Nadel & Faden

HÄKELN

Nadel & Faden
HÄKELN

SUE WHITING

KÖNEMANN

© Copyright 1994 Merehurst Limited,
Ferry House, 51–57 Lacy Road,
Putney, London SW15 1PR

Originaltitel: Take up – Crochet

Gestaltung: Kit Johnson
Fotos: Di Lewis
Illustrationen: Paul Bryant
Vorlagen: King & King

Alle Rechte vorbehalten. Nachdruck, auch in Auszügen, Speicherung in Datenverarbeitungssystemen oder Weitergabe in jeder Form, elektronisch, mechanisch, durch Fotokopie, Aufzeichnung oder in anderer Weise, nur mit vorheriger schriftlicher Erlaubnis des Verlags.

©1999 für die deutsche Ausgabe:
Könemann Verlagsgesellschaft mbH,
Bonner Straße 126, D-50968 Köln

Übersetzung: Teresa Junek für folio
Redaktion und Satz: folio · Marion Voigt

Projektkoordination: Marten Brandt
Herstellungsleiter: Detlev Schaper
Herstellungsassistenz: Ursula Schümer

Druck und Bindung:
Sing Cheong Printing Co., Ltd.
Printed in Hong Kong/China

ISBN 3-8290-2867-9

10 9 8 7 6 5 4 3 2 1

Dieses Buch ist meiner Schwester Caroline gewidmet, die mich stets in allem unterstützt hat, und dem Andenken unserer Mutter, Joan Ashman, die bei uns beiden die Liebe zu Handarbeiten weckte.

INHALT

EINFÜHRUNG 8

♦ **GRUNDMASCHEN 10**
KETTENREAKTION 15

♦ **EIN GEWEBE HÄKELN 17**
ERSTE SCHRITTE 22
IMMER IM KREIS 24

♦ **STÄBCHEN-VARIANTEN 27**
QUADRATWURZELN 29

♦ **MOTIVE HÄKELN UND VERBINDEN 32**
PERFEKTES QUADRAT 34

♦ **HÄKELKANTEN 36**
GUT GELAUFEN 38

♦ **FILETHÄKELEI 40**
IN BAUSCH UND BOGEN 42
GRENZLINIEN 44
ROSIGE ZEITEN 48

♦ **GARN ODER FARBE WECHSELN 52**
VERFÜHRERISCHES MUSTER 54

♦ **STRUKTUR VERLEIHEN 56**
DECKCHEN UND SETS 58
ENTSPANNENDES RELIEF 60
GUT GEPOLSTERT 63

♦ **FERTIGSTELLUNG 68**
FLOWER POWER 69

REGISTER 72
BEZUGSQUELLEN 72

HÄKELN ist eine ebenso anregende wie vergnügliche Kunstfertigkeit, die sich leicht erlernen läßt und rasch Erfolge zeigt. Schon auf der Grundlage von einigen einfachen Maschen können Sie sehr reizvolle Stücke anfertigen. Mit Häkeln erzielen Sie ganz unterschiedliche Effekte, von zarten Spitzen aus feinem Baumwollgarn bis hin zu kühnen und farbenprächtigen Mustern aus dicker Wolle. Dieses Buch stellt Ihnen die wichtigsten Techniken vor und bietet Gelegenheit, anhand einer Reihe ansprechender Arbeiten Ihre Kenntnisse zu erweitern.

Einführung

Häkeln zu lernen ist erstaunlich einfach; schon nach kurzer Zeit beherrschen Sie die verschiedenen Maschen und wissen, wie man einer Anleitung folgt. Und an Ausrüstung brauchen Sie lediglich Garn sowie eine Häkelnadel!

Häkelnadeln

Häkelnadeln gibt es in verschiedenen Größen zu kaufen: von Stahlhäkelnadeln, die ganz fein sind, bis zu dicken Kunststoffhäkelnadeln in der Stärke eines Bleistifts. Die benötigte Stärke wird von der Dicke des zu verarbeitenden Garns bestimmt. Häkelanleitungen oder die Banderolen von Garnknäueln und -strängen empfehlen meist die geeignete Nadelstärke.

Es gibt drei Gruppen von Häkelnadeln. Stahlhäkelnadeln sind sehr fein und für zarte Arbeiten mit dünnem Häkelgarn gedacht. Aluminiumhäkelnadeln eignen sich eher für Strickgarne der Standardstärke. Häkelnadeln aus Kunststoff verwendet man dagegen hauptsächlich für dicke Wolle; da sie nicht so haltbar sind wie Aluminiumhäkelnadeln, können sie leichter brechen oder sich verbiegen.

Die Tabelle auf der gegenüberliegenden Seite vermittelt Ihnen einen Überblick über die Garne, die zu den jeweiligen Nadelstärken passen. Es ist zwar wichtig, die richtige Nadelstärke zu verwenden, aber manchmal nimmt man absichtlich eine weit dickere oder dünnere Nadel, um eine besondere Wirkung zu erzielen.

Häkelgarne

Obwohl Sie praktisch mit jedem Garn häkeln können, lassen sich manche doch leichter verarbeiten als andere. Den wichtigsten Faktor stellt dabei der Aufbau des Garns dar. Es sollte glatt und fest verdreht sein, damit Sie es beim Einstechen der Nadel oder beim Durchziehen der Masche nicht versehentlich teilen.

Am bekanntesten ist vermutlich das speziell zum Häkeln gedachte feine **Baumwollgarn**. Es ist ideal für Spitzenborten und Deckchen, Kissenbezüge, Tischdecken sowie Filethäkelei und in unterschiedlichen Stärken erhältlich. Es besteht zu 100 Prozent aus Baumwolle und wirkt daher glatt, oft auch mattglänzend wie Perlgarn. Man erkennt deutlich die einzelnen Fäden und wie sie zusammengedreht sind. Auch teilt sich dieses Garn nicht so leicht. Der größte Nachteil für Anfänger besteht allerdings darin, daß es selbst in der stärksten Ausführung immer noch recht fein ist – das, was Sie daraus arbeiten wollen, sollte also mit einer feinen Stahlhäkelnadel gehäkelt werden und nicht zu groß sein, damit es rasch fertiggestellt werden kann.

Es gibt ähnlich aufgebaute, aber dickere Strickwolle zu kaufen. Sie läßt sich nicht nur leichter verarbeiten, sondern ist auch für große Stücke geeignet. Häufig besteht sie aus leichten Synthetikfasern wie Acryl.

Selbst mit normaler **Strickwolle** aus reiner Wolle oder Woll-/Acrylmischungen kann man häkeln.

Häkelanleitungen

Anleitungen zum Häkeln sehen ganz ähnlich aus wie Strickanleitungen. Für viele Begriffe gibt es gebräuchliche Abkürzungen, die viel Platz sparen. In der gegenüberstehenden Liste sind die Abkürzungen aufgeführt, die für die Anleitungen in diesem Buch verwendet wurden. Spezielle Begriffe, die mit der jeweiligen Anleitung in Verbindung stehen, werden ebenfalls dort aufgeführt.

GARNHÄKELNADELN AUS STAHL

NADEL-STÄRKEN (mm)	GARNSTÄRKEN	GEEIGNETE GARNE
0,60	30	Baumwollgarn
0,75	20/30	
1,00	15/20	z. B. Coats
1,25	10/15	Aida, Anchor
1,50	10	Liana
1,75	5	
2,00	5	z. B. Coats
2,50	5	Rot-Tulpe

WOLLHÄKELNADELN AUS ALUMINIUM ODER KUNSTSTOFF

NADEL-STÄRKEN (mm)	GARNSTÄRKE	GEEIGNETE GARNE
2,00	5	Baumwollgarn, z. B. Coats Rot-Tulpe, Coats Lyric
2,50		
3,00		
3,50		
4,00		
4,50		
5,00		
6,00		Sportwolle
7,00		Shetlandwolle
8,00		
9,00		dicke Sportwolle
10,00		

ABKÜRZUNGEN

abn	abnehmen	**M**	Masche
abw	abwechseln	**Must**	Muster
Anf	Anfang	**Stb**	Stäbchen
Dstb	Doppelstäbchen	**re**	rechts, rechte Seite
fM	feste Masche	**R**	Reihe
folg	nächstfolgende Masche/Reihe	**Rd**	Runde
		übg	übergehen
hStb	halbes Stäbchen	**U**	Umschlag des Fadens um die Nadel (Fadenholen)
Km	Kettmasche		
li	links, linke Seite		
Lü	Lücke	**wdh**	wiederholen
Lm	Luftmasche	**zun**	zunehmen
Lm-An	Luftmaschenanschlag		

Weiteres Zubehör
Neben Anleitung, Garn und Häkelnadel benötigen Sie ein Maßband oder Lineal zum Abmessen bestimmter Teile, vor allem der Maschenprobe. Außerdem brauchen Sie eine Schere sowie eine dicke, stumpfe Sticknadel, um die Teile zusammenzunähen. Die fertige Arbeit wird gebügelt.

Bügeln und Spannen
Bei welcher Temperatur die Häkelarbeit gebügelt wird, hängt von der Zusammensetzung des Garns ab. Beachten Sie die Empfehlungen auf dessen Banderole. Bügeln Sie nicht von rechts, falls doch, decken Sie die Arbeit mit einem Tuch ab. Lassen Sie nie das blanke Bügeleisen an Ihre Arbeit und verwenden Sie bei Synthetikfasern weder Dampf noch ein feuchtes Tuch.

Stücke mit relief- oder spitzenartiger Struktur werden nicht oder nur wenig gebügelt. Man sollte sie spannen. Stecken Sie die Arbeit nach den vorgeschriebenen Maßen auf einem weichen Untergrund mit Stecknadeln fest und feuchten Sie sie mit dem Wasserzerstäuber leicht an. Mit einem Handtuch bedeckte Graupappe ist ideal, da Sie die Nadeln akurat hineinstechen können. Bei einer phantasievoll geformten Kante muß jeder Punkt einzeln aufgesteckt werden, um die richtige Wirkung zu erzielen. Eine aufgesteckte Arbeit wird durch das Trocknen die gewünschte Form annehmen.

Grundmaschen

*Häkeln ist eine Folge von Garnschlingen oder Maschen,
die zu den verschiedensten Erscheinungsbildern zusammengefügt werden.
Es gibt nur drei Grundmaschen: Luftmasche, feste Masche und
Stäbchen. Alle anderen sind Variationen davon.*

Mit einer Häkelnadel zieht man Garnschlingen durch eine Schlinge, die sich bereits auf der Nadel befindet, und verbindet sie dadurch mit anderen, bereits gearbeiteten Schlingen. Im Gegensatz zum Stricken haben Sie beim Häkeln am Ende jeder Reihe immer nur eine Schlinge oder Masche auf der Nadel.

Die drei Grundmaschen

Eine der einfachsten und verbreitetsten Häkelmaschen, die **feste Masche**, ist beinah die niedrigste aller Maschen. Die Abkürzung dafür lautet **fM**. Die **Kettmasche (Km)** stellt die allereinfachste und niedrigste Häkelmasche dar. Sie wird meist benutzt, um einen Ring aus Luftmaschen als Grundlage für eine runde Arbeit zu schließen. Auch zum Formen wird die Kettmasche verwendet, selten jedoch allein. Ein **Stäbchen (Stb)** ist höher als eine feste Masche. Diese Höhe wird erreicht, indem man jeweils eine Garnschlinge durch zwei weitere hindurchzieht.

Diese drei Maschen bilden die Grundlage aller Häkelarbeiten. Mit ihnen läßt sich eine breite Palette an Erscheinungsformen schaffen. Und da alle anderen Maschen einfache Varianten dieser drei Maschen sind, wird es Ihnen leichtfallen, kompliziertere Maschen in Angriff zu nehmen, sobald Sie die Grundmaschen beherrschen.

Der Anfang

Es gibt eingeführte Regeln dafür, wie man Häkelnadel, Arbeit und Garn beim Häkeln halten soll; die beste Methode ist die, mit der Sie am glücklichsten sind. Wenn Sie häufig stricken, fällt es Ihnen wahrscheinlich leichter, die Häkelnadel wie eine Stricknadel von oben in der rechten Hand zu halten, den Faden und die Arbeit in der linken. Falls Sie bereits häufiger gehäkelt haben, halten Sie die Nadel vielleicht lieber in der auf der nächsten Seite gezeigten Art.

Um überhaupt in der Lage zu sein, zur Bildung von Maschen neue Garnschlingen durch vorhandene zu ziehen, beginnen Sie mit einer Anfangsschlinge auf der Häkelnadel.

Sobald die erste Schlinge oder Masche auf Ihrer Nadel liegt, müssen Sie eine »Kette« weiterer Maschen als Grundlage Ihrer Arbeit anschlagen. Man nennt dies den **Luftmaschenanschlag**.

Jeder neue Abschnitt einer Häkelanleitung wird damit beginnen, wie viele **Luftmaschen (Lm)** Sie anschlagen müssen. Sobald Sie dies haben, können Sie Häkelmaschen in den Anschlag arbeiten.

Die Anleitung schreibt z. B. vor, zehn Luftmaschen anzuschlagen. Da die Anfangsschlinge als erste Luftmasche zählt, brauchen Sie tatsächlich nur neun Luftmaschen zu arbeiten. Sie können also die Maschen zählen, indem Sie die Anzahl der »Kettenglieder« zusammenrechnen. Von einer Seite sehen Luftmaschen aus wie der Kettenstich beim Sticken, und diese Wirkung einer Kette erscheint auch immer an der Oberseite der letzten Maschenreihe, an der Sie arbeiten. Beim Einstechen in den Luftmaschenanschlag stechen Sie mit der Häkelnadel in die Mitte der Schlinge ein, wenn Sie jedoch bereits auf anderen Maschen arbeiten, stechen Sie mit der Nadel immer unter den beiden Schlingen ein, die diese Kettenwirkung hervorrufen.

ANFANGSSCHLINGE

◆ Eine Anfangsschlinge bilden und ziemlich fest um den Hals der Häkelnadel legen. Dies ist die erste Masche. Alle folgenden Maschen, aus denen schließlich die fertige Arbeit bestehen wird, bauen auf dieser einen Masche auf.

HÄKELNADEL UND GARN HALTEN

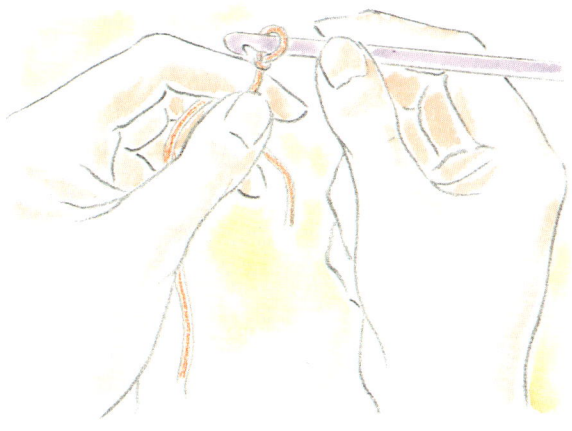

◆ Die Häkelnadel in der rechten Hand, die Arbeit direkt unter der Schlinge auf der Nadel links zwischen Mittelfinger und Daumen halten. Das Garn so über die linke Hand führen, daß es gleichmäßig gespannt ist. Hält man es zu fest, tut man sich schwer, das Garn durch die Schlingen zu ziehen. Hält man es zu locker, werden die Schlingen zu groß.

LUFTMASCHE

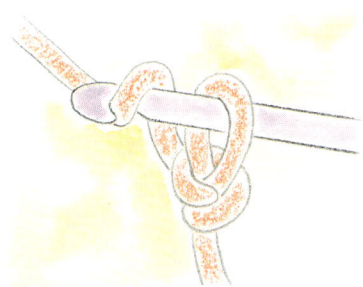

1 ◆ Garn vom Knäuel von hinten nach vorn auf die Häkelnadel aufnehmen.

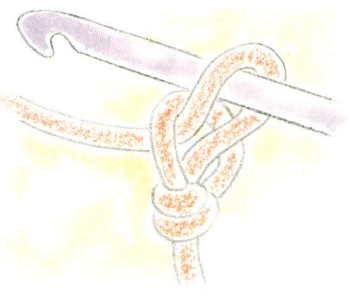

2 ◆ Die neue Schlinge durch die Garnschlinge auf der Häkelnadel hindurchziehen. Schon ist die erste Luftmasche fertig!

3 ◆ So fortfahren, bis die für den Anschlag benötigte Maschenanzahl fertig ist.

FESTE MASCHE

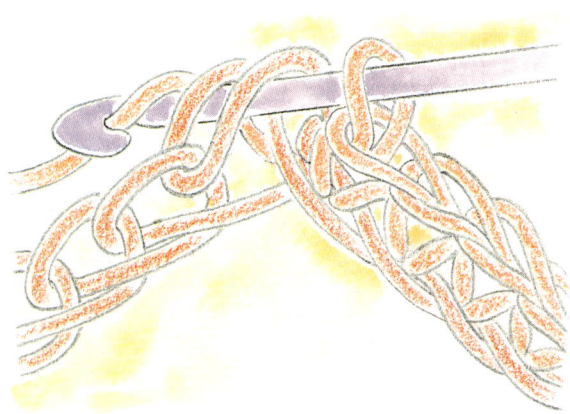

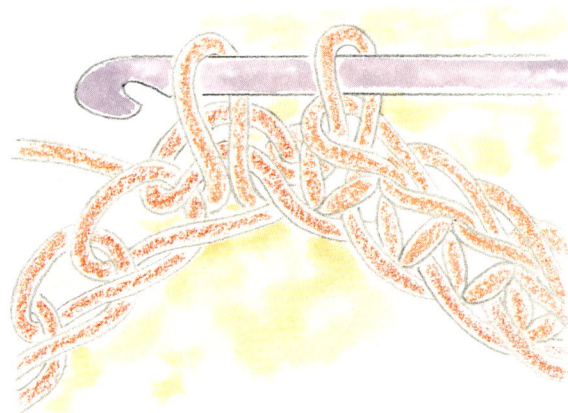

1 ◆ Zuerst die Häkelnadel unter zwei der drei Garnfäden einer Luftmasche hindurch von vorn nach hinten einstechen. Garn genauso wie für eine Luftmasche auf die Nadel holen.

2 ◆ Die neue Garnschlinge durch die Arbeit ziehen – nun befinden sich zwei Schlingen auf der Nadel. Wieder auf dieselbe Art wie zuvor Garn holen.

KETTMASCHE

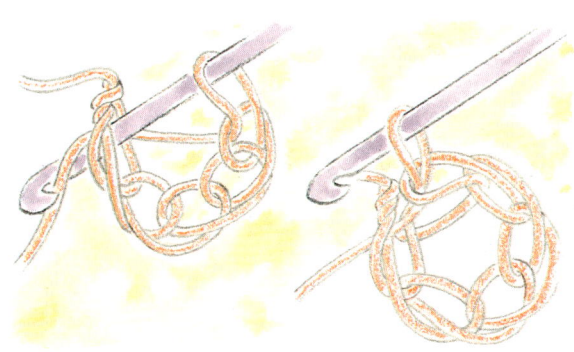

3 ◆ Diese Schlinge durch beide Schlingen auf der Nadel hindurchziehen – und die erste feste Masche ist fertig!

◆ Die Kettmasche ist eine Variante der festen Masche, wobei der zweite Arbeitsschritt ausgelassen wird. Zuerst die Häkelnadel in die Arbeit einstechen und Garn holen wie für eine feste Masche. Dann diese Garnschlinge jedoch durch die Arbeit *und* die Schlinge auf der Nadel ziehen.

STÄBCHEN

1 ◆ Bevor mit der Nadel in die Arbeit eingestochen wird, wie gewohnt Garn holen.

2 ◆ Die Häkelnadel einstechen, wieder Garn holen und die Schlinge durch die Arbeit hindurchziehen. Nochmals Garn holen, so daß sich vier Garnschlingen auf der Nadel befinden.

3 ◆ Die vierte Schlinge durch die zweite und dritte Schlinge auf der Nadel ziehen, so daß sich nur noch zwei Schlingen auf der Nadel befinden. Nun erneut Garn auf die Nadel holen.

4 ◆ Diese Garnschlinge durch die verbleibenden beiden Schlingen auf der Nadel ziehen. Damit ist das Stäbchen fertig.

KETTENREAKTION

Die Schottenkaro-Wirkung dieser Kissen und der Decke basiert auf einem Grundnetz aus Luftmaschen und Stäbchen, in die weitere Luftmaschenketten eingeflochten werden.

GRÖSSE

Jedes Kissen mißt 40 cm im Quadrat. Die Decke mißt 140 x 153 cm.

SIE BENÖTIGEN

Für jedes Kissen

Knäuel à 50 g Patons DK in der Hauptfarbe (H):

Rotes Kissen: 4 Knäuel Diploma Gold in Rot

Grünes Kissen: 3 Knäuel Beehive Tumble Dry in Grün

1 Knäuel à 50 g des gleichen Garns in jeder der beiden Kontrastfarben (A – marineblau oder weiß, B – gold)

Häkelnadel, 3,50 mm

Kissenfüllung, 40 x 40 cm

Überwurfdecke

24 Knäuel à 50 g Patons Diploma Gold DK in der Hauptfarbe (H – rot)

6 Knäuel à 50 g des gleichen Garns in jeder der beiden Kontrastfarben (A – marineblau, B – gold)

Häkelnadel, 3,50 mm

MASCHENPROBE

21 M, 10 R auf 10 cm, gemessen über das Grundnetz *vor* Einflechten mit Häkelnadel 3,50 mm. 20 Stb und 11 R auf 10 cm, nach dem Einflechten gemessen.

KISSEN MIT QUADRAT

Rote Ausführung: Marine für A und Gold für B
Grüne Ausführung: Weiß für A und Gold für B

Hauptteil
(Vorder- und Rückseite gleich)
Mit 3,50-mm-Häkelnadel und H 84 Luftmaschen anschlagen.
Grundreihe: 1 Stb in 6. Lm von der Nadel aus, *1 Lm, 1 Lm übg, 1 Stb in die nächste Lm, ab * wdh bis Reihenende, wenden. 81 M 40 Lü.
Nun im Netzmuster arbeiten:
1. R: 3 Lm (zählen als 1. Stb), *1 Lm, 1 Lm übg, 1 Stb in nächstes Stb, ab * wdh bis Reihenende, letztes Stb in oberste Wende-Lm arbeiten, wenden. Diese Reihe bildet das Netzmuster und wird wiederholt.
Netzmuster weitere 42 Reihen in folgender Streifenfolge arbeiten:
4 R mit H, 4 R mit B, 4 R mit H, 2 R mit A, 12 R mit H, 2 R mit A, 4 R mit H, 4 R mit B und 6 R mit H.

Nadel & Faden HÄKELN 15

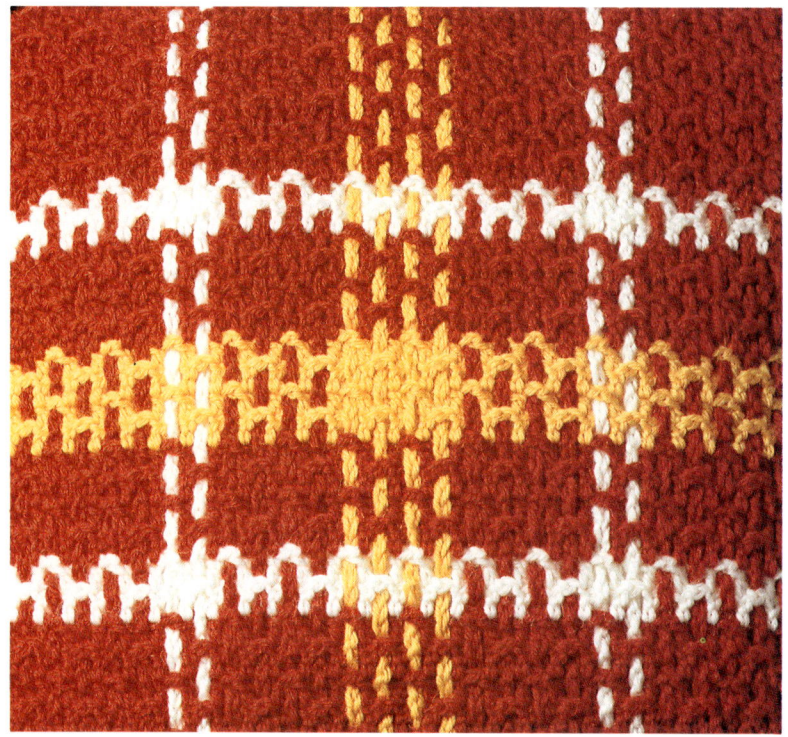

Faden befestigen.
Den zweiten Teil ebenso arbeiten.
Einflechten
40 Lm-Ketten von ca. 44 cm Länge arbeiten – 28 mit H, 4 mit A und 8 mit B. Enden fest an Grundreihe und letzter Reihe befestigen, Ketten durch die Netz-Lücken einflechten mit H für die ersten 4 Lü, B für die nächsten 4 Lü, H für die nächsten 4 Lü, A für die nächsten 2 Lü, H für die nächsten 12 Lü, A für die nächsten 2 Lü, H für die nächsten 4 Lü, B für die nächsten 4 Lü und H für die letzten 4 Lü.
Fertigstellen
Vorder- und Rückteil an 3 Seiten verbinden. Kissen einziehen und verbleibende Kante schließen.

KISSEN MIT KREUZ
Rote Ausführung: Weiß für A und Gold für B.
Grüne Ausführung: Marine für A und Gold für B.
Hauptteil
Genauso arbeiten wie für das Kissen mit Quadrat, jedoch in folgender Streifenfolge:
13 R mit H, 2 R mit A, 4 R mit H, 4 R mit B, 4 R mit H, 2 R mit A und 14 R mit H.
Einflechten
40 Lm-Ketten von ca. 44 cm Länge arbeiten – 32 mit H, 4 mit A und 4 mit B. Enden fest an Grundreihe und letzter Reihe befestigen, Ketten durch die Netz-Lücken einflechten mit H für die ersten 12 Lü, A für die nächsten 2 Lü, H für die nächsten 4 Lü, B für die nächsten 4 Lü, H für die nächsten 4 Lü, A für die nächsten 2 Lü und H für die letzten 12 Lü.
Fertigstellen
Genauso arbeiten wie bei dem Kissen mit Quadrat.

ÜBERWURFDECKE
Mit 3,50-mm-Häkelnadel und H 284 Luftmaschen anschlagen. Grundreihe arbeiten wie für das Kissen mit Quadrat. 281 M 140 Lü. Mit H weitere 5 R im Netzmuster wie für das Kissen mit Quadrat arbeiten.
Dann weitere 162 R in folgender Streifenfolge arbeiten:
(2 R mit A, 4 R mit H, 4 R mit B, 4 R mit H, 2 R mit A und 12 R mit H) 5 x wdh, 2 R mit A, 4 R mit H, 4 R mit B, 4 R mit H, 2 R mit A und 6 R mit H.
Faden befestigen.

Einflechten
140 Lm-Ketten von ca. 168 cm Länge arbeiten – 100 mit H, 20 mit A und 20 mit B. Enden fest an Grundreihe und letzter Reihe befestigen, Ketten durch die Netz-Lücken einflechten (mit H für die nächsten 6 Lü, A für die nächsten 2 Lü, H für die nächsten 4 Lü, B für die nächsten 4 Lü, H für die nächsten 4 Lü, A für die nächsten 2 Lü und H für die letzten 6 Lü) 6 x wdh.

Fransen
Aus 3 Garnfarben je ca. 25 cm lange Stücke zuschneiden. Die jeweils passende Farbe an den Luftmaschen-Anschlag oder die Luftmaschen der letzten Reihe knoten. Enden geradeschneiden.

Ein Gewebe Häkeln

Man häkelt entweder in Reihen, so daß ein flaches Gewebe entsteht, oder in Runden, um einen Schlauch oder Kreis zu bilden. Entscheidend ist dabei jeweils die richtige Fadenspannung.

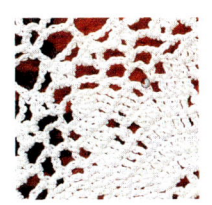

In Reihen arbeiten
Beim Häkeln arbeiten Sie immer oben an der neuen Reihe, wobei die Höhe der Reihe von der Höhe der Maschen abhängt. Arbeiten Sie in die Maschen der vorhergehenden Reihe, indem Sie die Häkelnadel von vorn nach hinten unter die beiden kettenartigen Schlingen einstechen. Um auf die Höhe der neuen Reihe zu gelangen, arbeiten Sie zu Anfang einer Reihe einige Luftmaschen, die man Wendeluftmaschen nennt. Sie werden gemacht, wenn Sie die Arbeit drehen, und ihre Anzahl hängt von der verwendeten Maschenart ab. Jede Häkelvorlage gibt an, wie viele Wendeluftmaschen nötig sind und als was sie zählen. Manchmal werden sie zusätzlich zu den Maschen der Reihe gearbeitet. Dann weist die Vorlage Sie darauf hin, daß die Wendeluftmaschen nicht als Maschen zählen.

WENDELUFTMASCHEN

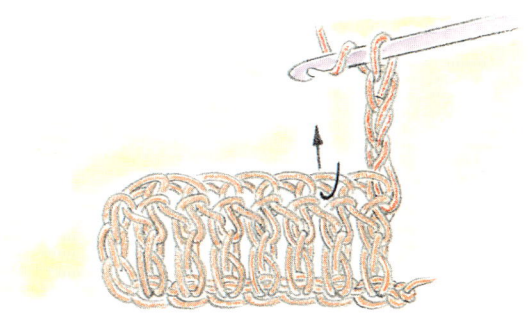 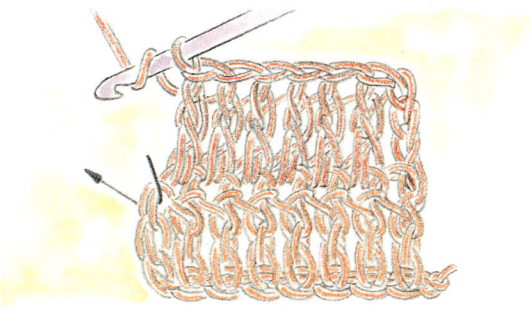

◆ Zählen die Wendeluftmaschen als erste Masche der Reihe, wird die zweite Masche in die nächste Masche der vorhergehenden Reihe eingestochen, so daß die Masche direkt an den Wendeluftmaschen übergangen wird. Zählen die Wendeluftmaschen dagegen *nicht* als Masche, arbeitet man die erste Masche der neuen Reihe direkt in die Masche an den Wendeluftmaschen.

◆ Ebenso werden die Wendeluftmaschen, die die erste Masche am Anfang der vorhergehenden Reihe bildeten, am Ende der neuen als letzte Masche der vorigen Reihe behandelt. Zählen sie nicht als Masche, arbeitet man am Ende der neuen Reihe keine Masche hinein. Aus der Anleitung ergibt sich, ob in die letzte Masche einer Reihe einzustechen ist bzw. wie die Wendeluftmaschen gezählt werden.

Bei der Arbeit in Reihen ist es *wichtig*, daß jede Reihe dieselbe Anzahl von Maschen hat, es sei denn, Sie nehmen zu oder ab. Es passiert leicht, daß man vor dem Reihenende wendet oder am Anfang einer neuen Reihe in die falsche Stelle einsticht – und schon häkelt man eine andere Form!

Zu- und abnehmen

Bei manchen Arbeiten nehmen Sie für die gewünschte Form an bestimmten Stellen zu. Manchmal müssen Sie aber auch Maschen ›fallenlassen‹.

Beim **einfachen Zunehmen** einer Masche sticht man zweimal in dieselbe Grundmasche ein. Folgen Sie der Anleitung, damit Sie genau an der richtigen Stelle zunehmen. Besonders wichtig ist das am Anfang einer Reihe, wenn die Wendeluftmaschen als Masche zählen – dann muß die Zunahmemasche direkt an die Wendeluftmaschen gearbeitet werden, und damit kommen zwei Maschen in die letzte der Vorreihe. Auf diese Weise lassen sich auch mehrere Maschen zunehmen – bei zu vielen Maschen jedoch nicht immer mit der erhofften Wirkung.

Mehrfach zunehmen ist möglich, indem man eine neue Reihe beginnt wie ein neues Häkelteil, also für die Zunahme neue Luftmaschen anschlägt. Die Vorlage schreibt die erforderliche Anzahl Luftmaschen dafür vor – denken Sie daran, daß manche dieser Luftmaschen den Anschlag bilden und manche Wendeluftmaschen werden.

Man kann **eine einzelne Masche abnehmen**, indem man sie einfach übergeht, ebenso wie Sie die erste Masche einer Reihe zugunsten der Wendeluftmasche übergehen. Diese Methode dient auch zum Abnehmen mehrerer Maschen, doch können dabei unschöne Löcher entstehen, besonders wenn die Wendeluftmaschen als erste Masche zählen.

Abnehmen durch Zusammenhäkeln mehrerer Maschen stellt eine weit bessere Möglichkeit dar, die Maschenzahl zu verringern, ohne daß ein Loch entsteht. Arbeiten Sie eine neue Masche und beginnen Sie damit, Faden zu holen und die neue Schlinge durch zwei zu ziehen, die sich bereits auf der Nadel befinden, bis nur noch eine Schlinge auf der Nadel ist. Um zwei Maschen zusammenzuhäkeln,

ZUNEHMEN EINZELNER MASCHEN

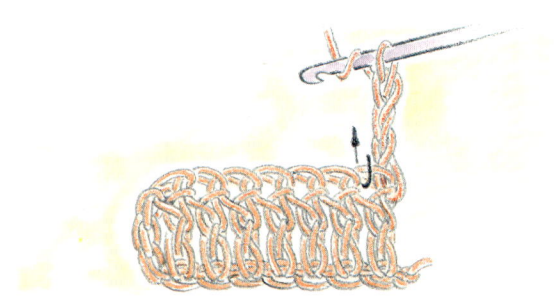

◆ Um zu Beginn einer Reihe eine Masche zuzunehmen, Wendeluftmaschen arbeiten, die als erste Masche zählen. Dann in die Masche an den Wendeluftmaschen einstechen, so daß die letzte Masche der Vorreihe zwei neue ergibt. Um am Ende einer Reihe eine Masche zuzunehmen, zwei Maschen in die letzte Masche der Vorreihe arbeiten, die letzte Masche in die oberste Wendeluftmasche häkeln.

ABNEHMEN EINZELNER MASCHEN

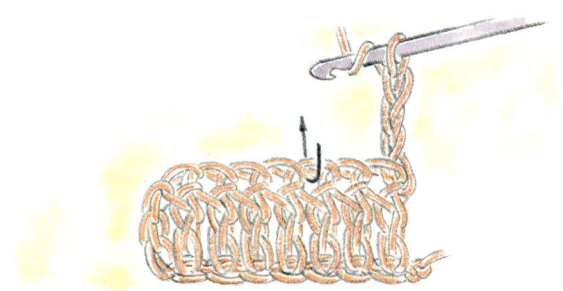

◆ Um zu Beginn einer Reihe eine Masche abzunehmen, eine Masche übergehen und in die nächste einstechen (siehe Abbildung). Um am Ende einer Reihe eine Masche abzunehmen, die vorletzte Masche übergehen und in die letzte Masche einstechen.

DREI STÄBCHEN ZUSAMMENHÄKELN

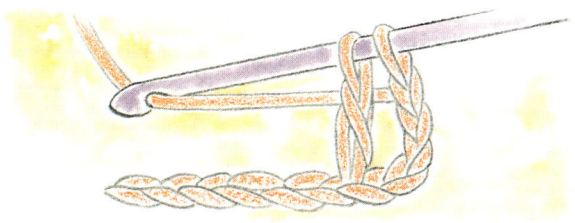

1 ◆ Um zwei Stäbchen zusammenzuhäkeln (abgekürzt **2 Stb zus**), zunächst das erste Stäbchen in die erste Masche arbeiten, bis sich zwei Garnschlingen auf der Häkelnadel befinden.

2 ◆ Das zweite Stäbchen in die nächste Masche häkeln, erneut den letzten Arbeitsgang auslassen. Auf der Nadel sind nun drei Garnschlingen. Garn holen, diese Schlinge durch die anderen hindurchziehen.

DREI STÄBCHEN ZUSAMMENHÄKELN

◆ Hier wurden drei Stäbchen zusammengehäkelt. Obwohl sich die »Füßchen« in drei verschiedenen Maschen der Vorreihe befinden, erscheint als Verbindungstück in der neuen Reihe nur ein ›Kettenglied‹.

MEHRFACHES ABNEHMEN ZU REIHENBEGINN

◆ Zum Abnehmen mehrerer Maschen am Reihenbeginn ist die Kettmasche nützlich: einfach in jede abzunehmende Masche eine Kettmasche arbeiten. Sobald der Anfang der neuen Reihe erreicht wurde, die erforderlichen Wendeluftmaschen arbeiten.

lassen Sie einfach den letzten Arbeitsschritt der ersten Masche aus. Diese Methode eignet sich für beinah jede Häkelmaschenart, die Zahl der abzunehmenden Maschen kann relativ groß sein. Manchmal will man damit auch eine bestimmte Wirkung erzielen. Dann werden die Maschen nicht unbedingt alle in aufeinanderfolgende Maschen einer Reihe gearbeitet. Der Abkürzungsteil einer Häkelvorlage teilt Ihnen genaue Einzelheiten darüber mit, wo sich diese Maschen befinden und wie sie zu arbeiten sind.

Mehrfaches Abnehmen am Ende einer Reihe ist sehr einfach. Sie brauchen nur die erforderliche Anzahl von Maschen am Ende der Reihe auszulassen und die Arbeit zu wenden.

Mehrfaches Abnehmen zu Beginn einer Reihe erweist sich als nicht ganz so einfach. Um an den Punkt zu gelangen, wo diese neue Reihe beginnen soll, müssen Sie sich mit Kettmaschen an der Reihe über die abzunehmenden Maschen auf derselben Höhe wie die Vorreihe entlangarbeiten.

In Runden häkeln

Ein großer Vorteil des Häkelns ist, daß man ganz einfach einen Gewebeschlauch oder -kreis arbeiten kann und dadurch Nähte vermeidet. Für die Arbeit in Runden gelten dieselben Regeln wie für das Häkeln in Reihen, außer daß jede Runde an ihrem Ende in irgendeiner Weise mit ihrem Anfang verbunden wird.

Beim Häkeln einer runden Arbeit ist die Außenkante offensichtlich größer als die Mitte, so daß jede neue Runde mehr Maschen hat als die vorhergehende. Diese Zunahmen werden genauso gearbeitet wie beim Häkeln in Reihen. Arbeiten Sie jedoch einen Schlauch, dann besitzt jede neue Runde dieselbe Maschenzahl wie die vorhergehende.

Die richtige Größe

Zu Beginn jeder Häkelanleitung finden Sie Angaben zur Maschenprobe, die sich auf die Anzahl von Maschen und Reihen innerhalb eines bestimmten Maßes beziehen, damit das fertige Stück der Größe der beschriebenen Häkelarbeit entspricht.

Es ist sehr wichtig, daß Ihre Maschenprobe der Anleitung entspricht. Falls nicht, bekommt Ihre Arbeit eine andere Größe als vorgesehen, vielleicht geht das Garn aus oder es bleibt eine Menge übrig. Außerdem ändert sich die Struktur des Gewebes. Wenn die Maschenprobe zu fest gerät, wird das Gewebe steif, und es ist schwierig, die Maschen zu arbeiten. Fällt sie dagegen zu locker aus, behält das Gewebe nicht seine Form.

RUNDEN VERBINDEN

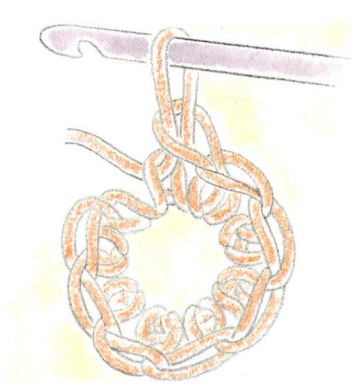

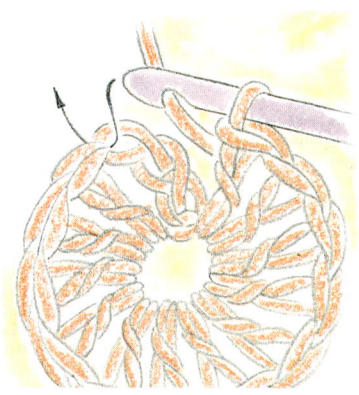

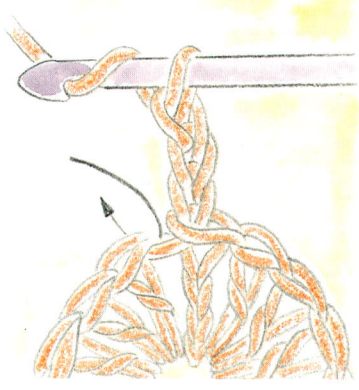

1 ◆ Die meisten runden Arbeiten beginnen mit dem Verbinden der Enden des Luftmaschenanschlags zu einem Ring. Die erste Runde wird oft nicht in die Maschen des Anschlags, sondern in den Ring selbst gearbeitet. Dafür sticht man mit der Häkelnadel unter den Luftmaschen (nicht nur unter den beiden kettenstichartigen Schlingen) hindurch, um die Maschen zu arbeiten.

2 ◆ Am Ende jeder Runde gelangt man erneut an den Anfangspunkt. Um ein gleichmäßiges Gewebe zu erhalten, muß das Rundenende irgendwie mit dem Anfang verbunden werden. Dies geschieht gewöhnlich mit Hilfe einer Kettmasche.

3 ◆ Sobald die Enden verbunden sind, beginnt die neue Runde. Ebenso wie beim Häkeln in Reihen fängt sie meist mit Wendeluftmaschen an, um auf die Höhe der neuen Runde zu gelangen – doch da die Arbeit zu Beginn einer neuen Runde selten gewendet wird, sind dies eigentlich nur Anfangsluftmaschen.

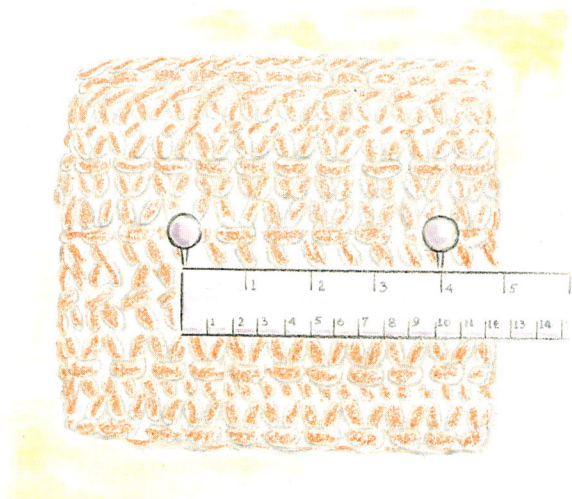

◆ *Beginnen Sie eine Häkelarbeit immer mit einer Maschenprobe.*

Wenn Sie Reihen arbeiten, gibt die Maschenprobe vor, wie viele Maschen und Reihen innerhalb eines bestimmten Maßes – meist 10 cm – liegen sollten. Bevor Sie mit der Handarbeit beginnen, häkeln Sie eine Maschenprobe von mindestens 12 x 12 cm. Verwenden Sie Häkelnadel und -muster, wie im Abschnitt Maschenprobe beschrieben. Bei der fertigen Maschenprobe zählen Sie die angegebene Maschenzahl ab und markieren die Enden mit Stecknadeln.

Messen Sie den Abstand zwischen den Stecknadeln – er sollte genau der Anleitung entsprechen. Mißt er mehr, dann arbeiten Sie eher locker und sollten eine dünnere Häkelnadel benutzen. Mißt er dagegen weniger, ist die Arbeit zu fest, und Sie sollten eine weitere Maschenprobe mit einer stärkeren Häkelnadel anfertigen. Die Reihenzahl wird genauso gemessen. Machen Sie weitere Maschenproben, bis Sie die angegebenen Maße erreichen. Mit der Häkelnadel, die Sie für die Maschenprobe verwendet haben, wird die ganze Arbeit gehäkelt.

Bei einer runden Arbeit ist die Maschenprobe oft als Durchmesser der ersten Runden angegeben. Messen Sie, sobald Sie diese Runden gehäkelt haben. Entspricht das Maß nicht dem angegebenen Maß, versuchen Sie es mit einer anderen Häkelnadelstärke.

Faden befestigen

Nach Beendigung eines Häkelteils befestigen Sie den Faden, bevor Sie mit der Arbeit am nächsten Teil beginnen. Schneiden Sie das Garn ab, ziehen Sie das Garnende durch die Schlinge auf der Häkelnadel und ziehen Sie es gut fest.

ERSTE SCHRITTE

Diese zierlichen, nur aus Luftmaschen und festen Maschen gearbeiteten Babyschühchen sind ideal, um das Zu- und Abnehmen von Maschen zu üben. Die Form entsteht durch das Arbeiten von zwei Maschen in eine zur Zunahme und das Übergehen der entsprechenden Maschen zur Abnahme.

GRÖSSE

Die Schühchen messen von Spitze bis Ferse 10 cm.

SIE BENÖTIGEN

1 Knäuel à 50 g Häkelbaumwolle Anchor Liana 5

Häkelnadel, 1,75 mm

schmales Band, 1 m lang

MASCHENPROBE
32 M, 38 R auf 10 cm, gemessen über feste Maschen, gehäkelt mit einer 1,75-mm-Häkelnadel.

SCHUH (in einem Stück, beginnend am Fersenende der Sohle)
Sohle
7 Lm mit einer 1,75-mm-Häkelnadel anschlagen.
1. R (re): 1 fM in die 2. Lm von der Nadel, je 1 fM in jede Lm bis zum Ende, wenden. 6 M.
2. R: 1 Lm (zählt *nicht* als M), 2 fM in die erste fM, je 1 fM in die nächsten 4 fM, 2 fM in die letzte fM, wenden. 8 M.
3. R: 1 Lm (zählt *nicht* als M), 2 fM in die erste fM, je 1 fM in die nächsten 6 fM, 2 fM in die letzte fM, wenden. 10 M.
4. R: 1 Lm (zählt *nicht* als M), 1 fM in die erste fM, 1 fM in jede fM bis zum Ende, wenden. Diese 4 R bilden ein Gewebe aus festen Maschen mit zugenommenen M an beiden Enden der 2. und 3. R. So fortfahren, je 1 M am Ende der 7., 13. und 21. R zun. 16 M.
12 R gerade arbeiten.
Dann je 1 M an beiden Enden der nächsten R abn. 14 M.
1 R arbeiten.
Je 1 M an beiden Enden der nächsten 3 R abn. 8 M.
Damit ist die Sohle beendet.
Oberseite
Je 1 M an den Enden der nächsten 7 R zun und folg 4 abw R. 32 M.
Erste Seite
54. R (li): 1 Lm (zählt *nicht* als M), 1 fM in die erste fM, je 1 fM in die nächsten 8 fM, wenden. Die erste Seite nur auf diesen 9 M arbeiten.
*1 M am Anfang der nächsten R abn. 8 M.
1 R arbeiten.
1 M am Ende der nächsten R zun. 9 M.
1 R arbeiten.
1 M am Anfang der nächsten R zun und an derselben Kante in den 2 folg R. 12 M.
1 M an beiden Enden der nächsten R zun. 14 M.
Durchzug arbeiten
63. R: 1 Lm (zählt *nicht* als M), je 1 fM in die ersten 2 fM, 1 Lm, 1 fM übg, je 1 fM in die nächsten 11 fM, wenden.
64. R: 1 Lm (zählt *nicht* als M), je 1 fM in die ersten 11 fM, 1 fM in nächste Lm-Lü, je 1 fM in die letzten 2 fM, wenden.
1 R arbeiten.
In der nächsten R 1 M zun am Anfang und 1 M abn am Ende. 14 M.
1 R arbeiten.
1 M abn am Ende der nächsten und folg 2 abw R. 11 M.
4 R arbeiten. Faden befestigen.*
Vordere Lasche
Zur letzten vollständig gearbeiteten Reihe vor der ersten Seite zurückkehren. Die ersten 2 fM nach der ersten Seite übg, Garn an der nächsten fM befestigen und fortfahren wie folgt:
54. R (li): 1 Lm (zählt *nicht* als M), 1 fM in die fM, an der das Garn

befestigt wurde, je 1 fM in die nächsten 7 fM, wenden.
Vordere Lasche nur auf diesen 8 M arbeiten.
1 M abn an beiden Enden der nächsten 2 R. 4 M.
16 R arbeiten. Faden befestigen.
Zweite Seite
Zur letzten vollständig gearbeiteten Reihe vor der ersten Seite und der vorderen Lasche zurückkehren. Die ersten 2 fM nach der vorderen Lasche übg, Garn an der nächsten fM befestigen und fortfahren wie folgt:
54. R (li): 1 Lm (zählt *nicht* als M), 1 fM in die fM, an der das Garn befestigt wurde, je 1 fM in die nächsten 8 fM, wenden.
Zweite Seite nur auf diesen 9 M arbeiten. Zweite Seite anfertigen wie die erste: Schritte von * bis * wiederholen, aber seitenverkehrt, d. h. Kante am entgegengesetzten Reihenende wie bei der ersten Seite formen und Durchzug in der 63./64. R wie folgt arbeiten:
Durchzug arbeiten
63. R: 1 Lm (zählt *nicht* als M), je 1 fM in die nächsten 11 fM, 1 Lm, 1 fM übg, je 1 fM in die nächsten 2 fM, wenden.
64. R: 1 Lm (zählt *nicht* als M), je 1 fM in die ersten 2 fM, 1 fM in die nächste Lm-Lü, je 1 fM in die nächsten 11 fM, wenden.

FERTIGSTELLUNG
Seiten an den Fersen zusammennähen. Oberteil mit der Fersennaht auf die Mitte des Maschenanschlags passend an die Sohle nähen. An der Lasche beginnend und endend, eine R fM um die Schuhoberkante häkeln. Faden befestigen. Die letzten 8 R der Lasche nach innen umschlagen und annähen. Band halbieren und in Durchzugslöcher und Laschenumschlag einfädeln. Enden zur Schleife binden.

Immer im Kreis

Dieses in Runden gehäkelte Spitzendeckchen hat eine Bogenkante aus Stäbchen und Luftmaschen, die rückwärts befestigt werden, damit ein Zierrand entsteht. Für die Blüte in der Mitte wurden vorwiegend Stäbchen verwendet, und die Luftmaschenschlingen ergeben die netzartige Wirkung.

GRÖSSE
Das fertige Deckchen mißt an der breitesten Stelle 29 cm im Durchmesser.

SIE BENÖTIGEN
1 Knäuel à 50 g Häkelbaumwolle Anchor Liana 5

Häkelnadel, 1,75 mm

BESONDERE ABKÜRZUNGEN
3 Stb zus – (U, Häkelnadel in nächste M einstechen, Schlinge durchziehen, U und Schl. durch 2 Schl. auf der Nadel ziehen) 3x, U und Schl. durch alle 4 Schl. auf der Nadel ziehen;

4 Stb zus – (U, Häkelnadel in nächste M einstechen, Schl. durchziehen, U und Schl. durch 2 Schl. auf der Nadel ziehen) 4x, U und Schl. durch alle 5 Schl. auf der Nadel ziehen;

5 Stb zus – (U, Häkelnadel in nächste M einstechen, Schl. durchziehen, U und Schl. durch 2 Schl. auf der Nadel ziehen) 5x, U und Schl. durch alle 6 Schl. auf der Nadel ziehen.

MASCHENPROBE
Die ersten 4 Runden haben einen Durchmesser von 5 cm.

HÄKELDECKCHEN
Mit 1,75-mm-Häkelnadel 8 Lm arbeiten und mit einer Km zu einem Ring verbinden. Weiter:

1. Rd (re): 1 Lm (zählt *nicht* als M), 16 fM in den Ring, Km in die 1. fM.

2. Rd: 5 Lm (zählen als 1 Stb und 2 Lm), (1 fM übg, 1 Stb in nächste fM, 2 Lm) 7x, Km in 3. der 5 Lm am Rd-Anfang.

3. Rd: 3 Lm (zählen als 1 Stb), 4 Stb in nächste Lm-Lü, (1 Stb in nächstes Stb, 4 Stb in nächste Lm-Lü) 7x, Km in oberste der 3 Lm am Rd-Anfang.

4. Rd: 3 Lm (zählen als 1 Stb), 1 Stb direkt an die 3 Lm, *je 1 Stb in die nächsten 3 Stb, je 2 Stb in die nächsten 2 Stb**, wdh von * bis zum Ende, letzte Wdh mit ** beenden, 2 Stb in nächstes Stb, Km in oberste der 3 Lm am Rd-Anfang.

5. Rd: 3 Lm (zählen als 1 Stb), 1 Stb direkt an die 3 Lm, je 1 Stb in die nächsten 3 Stb, 1 Lm, je 1 Stb in die nächsten 3 Stb, *2 Stb in nächstes Stb, je 1 Stb in die nächsten 3 Stb, 1 Lm, je 1 Stb in die nächsten 3 Stb, wdh ab * bis Ende, Km in oberste der 3 Lm am Rd-Anfang.

6. Rd: Km in nächstes Stb, 3 Lm (zählen als 1 Stb), 1 Stb direkt an die 3 Lm, je 1 Stb in die nächsten 2 Stb, 2 Lm, 1 Stb übg, 1 fM in nächste Lm-Lü, 2 Lm, 1 Stb übg, je 1 Stb in die nächsten 2 Stb, 2 Stb in nächstes Stb, 1 Lm (2 Stb in nächstes Stb, je 1 Stb in die nächsten 2 Stb, 2 Lm, 1 Stb übg, 1 fM in nächste Lm-Lü, 2 Lm, 1 Stb übg, je 1 Stb in die nächsten 2 Stb, 2 Stb in nächstes Stb, 1 Lm) 7x, Km in oberste der 3 Lm am Rd-Anfang.

7. Rd: Km in nächstes Stb, 3 Lm (zählen als 1 Stb), je 1 Stb in die nächsten 2 Stb, 1 Stb in die nächste Lm-Lü, 1 Lm, 1 fM übg, 1 Stb in die nächste Lm-Lü, je 1 Stb in die nächsten 3 Stb, 2 Lm, 1 Stb übg, 1 fM in nächste Lm-Lü, 2 Lm, 1 Stb übg (je 1 Stb in die nächsten 3 Stb, 1 Stb in nächste Lm-Lü, 1 Lm, 1 fM übg, 1 Stb in nächste Lm-Lü, je 1 Stb in die nächsten 3 Stb, 2 Lm, 1 Stb übg, 1 fM in nächste Lm-Lü, 2 Lm, 1 Stb übg) 7x, Km in oberste der 3 Lm am Rd-Anfang.

8. Rd: Km in nächstes Stb, 3 Lm (zählen als 1 Stb), je 1 Stb in die nächsten 2 Stb, 1 Stb in nächste Lm-Lü, je 1 Stb in die nächsten 3 Stb, 2 Lm, 1 Stb übg, 1 fM in nächste Lm-Lü, 4 Lm, 1 fM übg, 1 fM in nächste Lm-Lü, 2 Lm, 1 Stb übg (je 1 Stb in die nächsten 3 Stb, 1 Stb in nächste Lm-Lü, je 1 Stb in die nächsten 3 Stb, 2 Lm, 1 Stb übg, 1 fM in nächste Lm-Lü, 4 Lm, 1 fM übg, 1 fM in nächste Lm-Lü, 2 Lm, 1 Stb übg) 7x, Km in oberste der 3 Lm am Rd-Anfang.

9. Rd: Km in nächstes Stb, 3 Lm, 4 Stb zus über nächste 4 Stb, *4 Lm, 1 Stb übg, 1 fM in nächste Lm-Lü, 4 Lm, 1 fM übg, 1 fM in nächste Lm-Lü, 4 Lm, 1 fM übg, 1 fM in die Lm-Lü**, 4 Lm, 1 Stb übg, 5 Stb zus über nächste 5 Stb, wdh von * bis Ende, letzte Wdh bis **, 2 Lm, 1 Stb übg, 1 Stb in oberes Ende der 4 Stb zus am Rd-Anfang.

10. Rd: (5 Lm, 1 fM in nächste Lm-Lü) bis Ende, 4 Lm, 1 fM oben ins Stb am Ende der vorhergehenden Rd.

11. Rd: 2 Lm, 3 Stb zus, davon erstes in die fM am Ende der vorangegangenen Rd und nächste zwei in erste Lm-Lü, 5 Lm, (4 Stb zus, je zwei davon in die Lm-Lü beidseits der nächsten fM, 5 Lm) bis Ende, Km oben in 3 Stb zus.

12. Rd: 8 Lm (zählen als 1 Stb und 5 Lm), (1 Stb in nächste 4 Stb zus, 5 Lm) bis Ende, Km in 3. der 8 Lm am Rd-Anfang.

13. Rd: 1 Lm (zählt *nicht* als M), 1 fM direkt an die 1 Lm *(4 Lm, 1 fM in die nächste Lm-Lü) 2x**, 4 Lm, 1 fM in nächstes Stb, wdh von * bis Ende, letzte Wdh bis **, 2 Lm, 1 hStb in erste fM.

14. Rd: (5 Lm, 1 fM in nächste Lm-Lü) bis Ende, 2 Lm, 1 Stb ins hStb am Ende der vorherigen Rd.

15. Rd: 8 Lm (zählen als 1 Stb und 5 Lm), (1 Stb in nächste Lm-Lü, 5 Lm) bis Ende, Km in 3. der 8 Lm am Rd-Anfang.

Die 13. bis 15. Runde nochmals wiederholen.

19. Rd: Km in die Mitte der ersten Lm-Lü, 1 Lm (zählt *nicht* als M), 1 fM in die erste Lm-Lü, *5 Lm, 1 fM in die nächste Lm-Lü, 3 Lm, (1 Stb, 1 Lm, 1 Stb, 1 Lm, 1 Stb, 1 Lm und 1 Stb) in nächste Lm-Lü, 3 Lm, 1 fM in nächste Lm-Lü **, (5 Lm, 1 fM in nächste Lm-Lü) 3x, wdh von * bis Ende, letzte Wdh bis **, (5 Lm, 1 fM in nächste Lm-Lü) 2x, 2 Lm, 1 Stb in erste fM.

20. Rd: 1 Lm (zählt *nicht* als M), *1 fM in nächste Lm-Lü, 5 Lm, 1 fM in nächste Lm-Lü, (2 Lm, 1 Stb in die nächste Lm-Lü) 5x, 2 Lm** (1 fM in nächste Lm-Lü, 5 Lm) 2x, wdh von * bis Ende, letzte Wdh bis **, 1 fM in nächste Lm-Lü, 5 Lm, 1 fM in nächste Lm-Lü, 2 Lm, 1 Stb in erste fM.

21. Rd: 1 Lm (zählt *nicht* als M), *1 fM in nächste Lm-Lü, 5 Lm, 1 fM in nächste Lm-Lü (2 Stb in nächste Lm-Lü, 1 Stb ins nächste Stb) 5x, 2 Stb in die nächste Lm-Lü, 1 fM in nächste Lm-Lü**, 5 Lm, wdh von * bis Ende, letzte Wdh bis **, 2 Lm, 1 Stb in erste fM.

22. Rd: *5 Lm, 1 fM in nächste Lm-Lü, 3 Lm, übg (1 fM und 1 Stb), (1 Stb ins nächste Stb, 3 Lm, Km oben in das eben gearbeitete Stb, 2 Lm, 1 Stb übg) 7x, 1 Stb in nächstes Stb, 3 Lm, Km oben ins eben gearbeitete Stb, 3 Lm **, 1 fM in nächste Lm-Lü, wdh von * bis Ende, letzte Wdh bis **, Km in Stb am Ende der vorangegangenen Rd. Faden befestigen.

FERTIGSTELLUNG

Das Deckchen flach feststecken und auf der linken Seite leicht bügeln.

Stäbchen-Varianten

Halbe Stäbchen sind kaum höher als feste Maschen. Im Gegensatz zu doppelten und dreifachen Stäbchen bringen sie ein festes, dichtes Gewebe hervor.

Sie wissen bereits, wie man eine feste Masche variiert, um die noch niedrigere Kettmasche zu arbeiten oder um das höhere Stäbchen zu erhalten. Die anderen Maschen werden ebenso abgewandelt, da alle Häkelmaschen Varianten von Luftmasche, fester Masche und Stäbchen sind. Niedriger fallen die Maschen aus, wenn man die neue Schlinge durch mehr als zwei der vorhandenen Schlingen auf einmal hindurchzieht, wie bei der Kettmasche. Höher werden sie, indem man wie beim Stäbchen Faden holt, bevor die Häkelnadel in die Arbeit eingestochen wird.

Das **Doppelstäbchen** (abgekürzt **Dstb**) ist höher als ein Stäbchen. Sein Name kommt daher, daß man nicht wie für ein Stäbchen einmal Faden holt (Umschlag = **U**), bevor die Nadel eingestochen wird, sondern zweimal.

DOPPELSTÄBCHEN

1 ◆ Für ein Doppelstäbchen den Faden zweimal um die Nadel umschlagen (2 U) und die Häkelnadel in die Arbeit einstechen. Wieder Faden holen (U) und diese Schlinge durch die Arbeit ziehen – nun sollten vier Schlingen auf der Nadel liegen.

2 ◆ Einen Umschlag (U) machen und diese Schlinge durch zwei Schlingen ziehen – nun liegen drei Schlingen auf der Nadel. Wiederholen, bis sich nur noch eine Schlinge auf der Nadel befindet. Das Doppelstäbchen ist nun fertig.

Während die feste Masche eine niedrige, quadratische Masche ist, ist das Stäbchen hoch und dünn. Das **halbe Stäbchen** (abgekürzt **hStb**) liegt in der Mitte zwischen den beiden und ist genau das, was sein Name andeutet – ein halbes Stäbchen.

Ebenso wie ein Doppelstäbchen höher ist als ein Stäbchen, können Sie die Maschenhöhe weiter vergrößern, indem Sie die Anzahl der Umschläge des Garns um die Nadel, bevor diese in die Arbeit einsticht, erhöhen. So wird das **Dreifachstäbchen** (abgekürzt **3f-Stb**) gearbeitet, indem man das Garn dreimal um die Nadel umschlägt.

Gleichermaßen wird beim **Vierfachstäbchen** oder **4f-Stb** das Garn viermal um die Nadel umgeschlagen, bevor diese einsticht; beim **Fünffachstäbchen** oder **5f-Stb** fünfmal, beim **Sechsfachstäbchen** oder **6f-Stb** sechsmal usw. Je mehr Umschläge, desto häufiger wird auch der Arbeitsschritt »U und durch 2 Schlingen ziehen« wiederholt.

HALBES STÄBCHEN

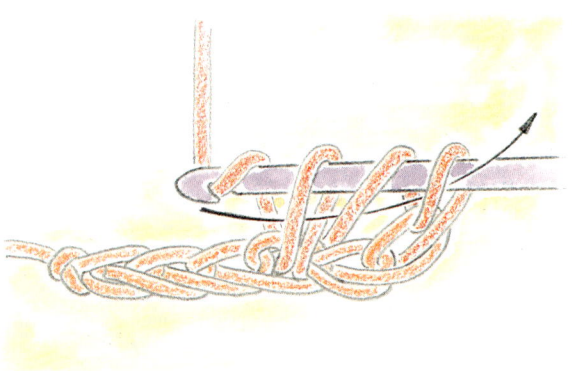

◆ Für ein halbes Stäbchen den ersten Schritt wie für ein Stäbchen arbeiten. Den Faden einmal um die Nadel umschlagen und in die Arbeit einstechen. Die Schlinge durchziehen, so daß drei Schlingen auf der Nadel liegen. Für ein Stäbchen würde zweimal ein U gearbeitet und durch je zwei Schlingen gezogen – für ein halbes Stäbchen erfolgt nur ein U, und die Schlinge wird durch drei Schlingen gezogen.

DREIFACHSTÄBCHEN

2 ◆ Für ein Dreifachstäbchen das Garn dreimal um die Häkelnadel umschlagen, bevor in die Arbeit eingestochen wird. Nach dem Einstechen ein U arbeiten und diese Schlinge durch die Arbeit ziehen. Nun den Arbeitsschritt »U und durch zwei Schlingen ziehen« wiederholen, bis sich nur noch eine Schlinge auf der Nadel befindet.

QUADRATWURZELN

Diese Tagesdecke für ein Doppelbett besteht aus vielen einzelnen Quadraten, die aus halben Stäbchen gearbeitet und dann zu einer klassischen Decke im Patchwork-Look verbunden werden. Selbst mit dickem Baumwollgarn werden Sie eine Weile dafür brauchen – ideal für lange Winterabende!

GRÖSSE

Die fertige Tagesdecke mißt ca. 240 x 260 cm.

SIE BENÖTIGEN

28 Knäuel à 50 g Patons Classic Cotton DK in der Hauptfarbe (H – weiß)

27 Knäuel à 50 g des gleichen Garns in jeder der beiden Kontrastfarben (A – blau, B – gelb)

Häkelnadel, 3,50 mm

MASCHENPROBE
Jedes Motiv mißt 20,5 x 20,5 cm, gehäkelt mit 3,50-mm-Häkelnadel.

GRUNDMOTIV
Mit 3,50-mm-Häkelnadel und erster Farbe 10 Lm anschlagen.
1. R: 1 hStb in die 3. Lm von der Nadel, je 1 hStb in die nächsten 7 Lm, wenden. 9 M.
2. R: 2 Lm (zählen als 1. M), je 1 hStb in die nächsten 8 M, wenden. 2. R noch 4x wdh.

Zur zweiten Farbe übergehen:
7. R: 2 Lm (zählen als 1. M), je 1 hStb in die nächsten 7 M, 3 hStb in die nächste M, 8 hStb entlang der angrenzenden Reihenendkante arbeiten, wenden.
8. R: 2 Lm (zählen als 1. M), je 1 hStb in die nächsten 8 M, 3 hStb in die nächste M, je 1 hStb in die nächsten 9 M, wenden.
9. R: 2 Lm (zählen als 1. M), je 1 hStb in die nächsten 9 M, 3 hStb in die nächste M, je 1 hStb in die nächsten 10 M, wenden.
10. R: 2 Lm (zählen als 1. M), je 1 hStb in die nächsten 10 M, 3 hStb in die nächste M, je 1 hStb in die nächsten 11 M, nicht wenden. Dritte Farbe:
11. R: 2 Lm (zählen als 1. M), 11 hStb entlang der angrenzenden Reihenendkante arbeiten, 3 hStb in die Ecke, 12 hStb entlang der nächsten Kante, wenden.
12. R: 2 Lm (zählen als 1. M), je 1 hStb in die nächsten 12 M, 3 hStb in die nächste M, je 1 hStb in die nächsten 13 M, wenden.
13. R: 2 Lm (zählen als 1. M), je 1 hStb in die nächsten 13 M, 3 hStb in die nächste M, je 1 hStb in die nächsten 14 M, wenden.

14. R: 2 Lm (zählen als 1. M), je 1 hStb in die nächsten 14 M, 3 hStb in die nächste M, je 1 hStb in die nächsten 15 M, nicht wenden. Zweite Farbe:
15. R: 2 Lm (zählen als 1. M), 4 hStb in Reihenendkante des eben in der dritten Farbe gearbeiteten Abschnitts, je 1 hStb in die nächsten 11 M des in der zweiten Farbe gearbeiteten vorherigen Abschnitts, 3 hStb in nächste (Eck-) M, je 1 hStb in die nächsten 12 M, 4 hStb in Reihenendkante des in der dritten Farbe gearbeiteten Abschnitts, wenden.
16. R: 2 Lm (zählen als 1. M), je 1 hStb in die nächsten 16 M, 3 hStb in die nächste M, je 1 hStb in die nächsten 17 M, wenden.
17. R: 2 Lm (zählen als 1. M), je 1 hStb in die nächsten 17 M, 3 hStb in die nächste M, je 1 hStb in die nächsten 18 M, wenden.
18. R: 2 Lm (zählen als 1. M), je 1 hStb in die nächsten 18 M, 3 hStb in die nächste M, je 1 hStb in die nächsten 19 M, nicht wenden. Erste Farbe:
19. R: 2 Lm (zählen als 1. M), 4 hStb in die Reihenendkante des in der zweiten Farbe gearbeiteten Abschnitts, je 1 hStb in die

nächsten 15 M des in der dritten Farbe gearbeiteten vorherigen Abschnitts, 3 hStb in nächste (Eck-) M, je 1 hStb in die nächsten 16 M, 4 hStb in die Reihenendkante des in der zweiten Farbe gearbeiteten Abschnitts, wenden.
20. R: 2 Lm (zählen als 1. M), je 1 hStb in die nächsten 20 M, 3 hStb in die nächste M, je 1 hStb in die nächsten 21 M, wenden.
21. R: 2 Lm (zählen als 1. M), je 1 hStb in die nächsten 21 M, 3 hStb in die nächste M, je 1 hStb in die nächsten 22 M, wenden.
22. R: 2 Lm (zählen als 1. M), je 1 hStb in die nächsten 22 M, 3 hStb in die nächste M, je 1 hStb in die nächsten 23 M, nicht wenden. Zweite Farbe:
23. R: 2 Lm (zählen als 1. M), 4 hStb in Reihenendkante des eben in der ersten Farbe gearbeiteten Abschnitts, je 1 hStb in die nächsten 19 M des in der zweiten Farbe gearbeiteten vorherigen Abschnitts, 3 hStb in nächste (Eck-) M, je 1 hStb in die nächsten 20 M, 4 hStb in Reihenendkante des in der ersten Farbe gearbeiteten Abschnitts, wenden.
24. R: 2 Lm (zählen als 1. M), je 1 hStb in die nächsten 24 M, 3 hStb in die nächste M, je 1 hStb in die nächsten 25 M, wenden.
25. R: 2 Lm (zählen als 1. M), je 1 hStb in die nächsten 25 M, 3 hStb in die nächste M, je 1 hStb in die nächsten 26 M, wenden.
26. R: 2 Lm (zählen als 1. M), je 1 hStb in die nächsten 26 M, 3 hStb in die nächste M, je 1 hStb in die nächsten 27 M, nicht wenden. Dritte Farbe:
27. R: 2 Lm (zählen als 1. M), 4 hStb in Reihenendkante des eben in der zweiten Farbe gearbeiteten Abschnitts, je 1 hStb in die nächsten 23 M des in der ersten Farbe gearbeiteten vorherigen Abschnitts, 3 hStb in nächste (Eck-) M, je 1 hStb in die nächsten 24 M, 4 hStb in Reihenendkante des in der zweiten Farbe gearbeiteten Abschnitts, wenden.

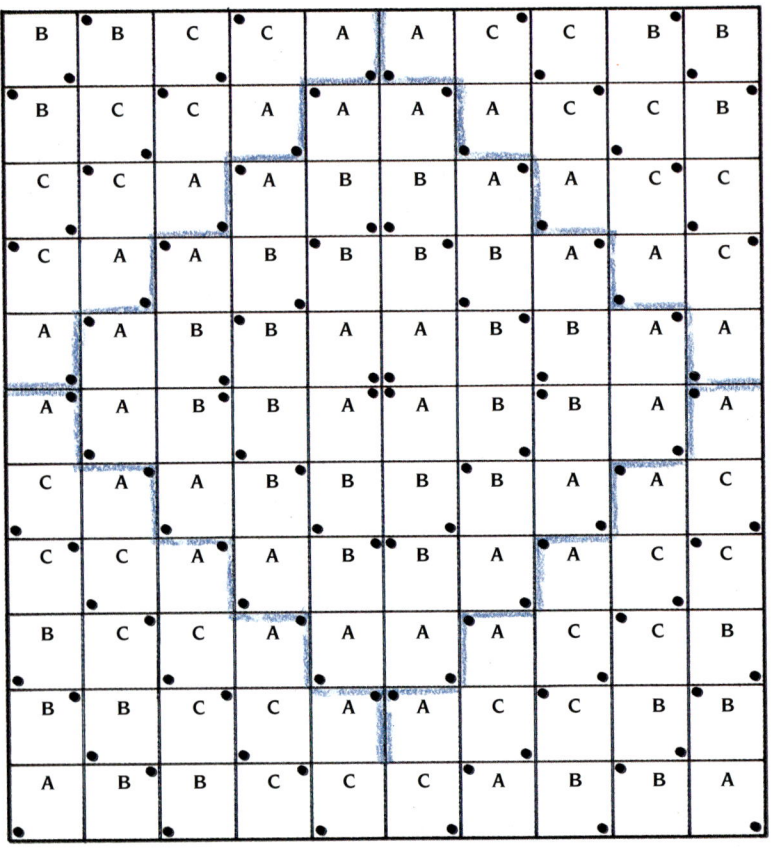

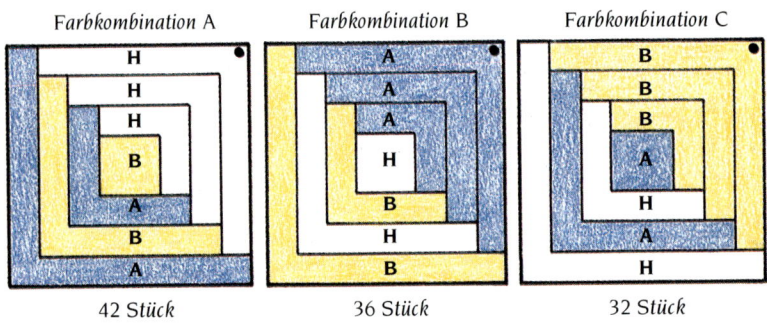

SCHLÜSSEL H *weiß* A *blau* B *gelb*

28. R: 2 Lm (zählen als 1. M), je 1 hStb in die nächsten 28 M, 3 hStb in nächste M, je 1 hStb in die nächsten 29 M, wenden.
29. R: 2 Lm (zählen als 1. M), je 1 hStb in die nächsten 29 M, 3 hStb in nächste M, je 1 hStb in die nächsten 30 M, wenden.
30. R: 2 Lm (zählen als 1. M), je 1 hStb in die nächsten 30 M, 3 hStb in nächste M, je 1 hStb in die nächsten 31 M. Faden befestigen.
Das Motiv ist ein diagonal unterteiltes Quadrat: eine Hälfte einfarbig, die zweite gestreift. Auf den Diagrammen markiert ein Punkt die einfarbige Ecke.

TAGESDECKE
Hauptteil
Den Diagrammen links folgend, insgesamt 110 Motive arbeiten: 42 in der Farbkombination A, 36 in B und 32 in C. Motive zu einem großen Rechteck verbinden – 10 Motive breit, 11 lang. Dazu Motive rechts auf rechts zusammenhalten und je 1 fM durch die Kanten-M der Motive arbeiten. Gleichfarbige Kanten so verbinden, daß die Naht unsichtbar ist (s. blaue Linie auf dem Diagramm).

Rand
Farbe H an der Außenkante des Hauptteils mit der re Seite oben befestigen und weiterarbeiten:
1. Rd (re): 2 Lm (zählen als 1. M), 1 hStb in jede M bis Ende arbeiten, 3 hStb in Eck-M arbeiten wie zuvor, Km oben in die 2 Lm, wenden. Die Runde noch 3x in Farbe H wdh.
H abschneiden, A befestigen, weitere 3 Rd arbeiten. A abschneiden, B befestigen, weitere 3 Rd arbeiten. Faden befestigen.

Motive häkeln und verbinden

*Eine klassische Form des Häkelns ist die Motivhäkelei.
Viele kleine, identische Häkelteile – Motive – werden zu einer
großen Handarbeit zusammengefügt.*

Die Arbeit mit Motiven bietet viele Vorzüge. Ein großes Plus ist, daß Sie immer nur an einem kleinen Stück arbeiten und daher keine großen Teile mit sich herumtragen müssen – auf Reisen ideal! Ein Motiv, das Sie häufig wiederholen, kennen Sie außerdem bald auswendig.

Unabhängig von ihrer Form werden Motive meist in Runden gearbeitet. Wie Sie die endgültige Form erhalten, erklärt die Mustervorlage ausführlich.

Selbst quadratische Motive können mit einem Kreis beginnen – die Ecken werden gebildet, indem an den vier Eckpunkten mehr und längere Maschen gearbeitet werden. Das können größere Maschen sein als die an den Seiten oder aber auch einfach mehr Luftmaschen, wenn es ein Spitzenmotiv ist.

Motive verbinden

Motive lassen sich auf unterschiedliche Weise zur fertigen Handarbeit verbinden. Manche werden während des Häkelns verbunden, andere zum Schluß zusammengenäht. Wenn man die Motive auf ganz einfache Art verbinden kann, steht in der Arbeitsanleitung vielleicht nur, daß eine bestimmte Anzahl von Motiven in jeder Reihe zu einem Quadrat oder Rechteck zusammengefügt werden.

Steht in der Anleitung, daß die Motive während der Arbeit zu verbinden sind, möchten Sie sie vielleicht lieber alle einzeln arbeiten und am Schluß von Hand zusammennähen. Es gibt keinen Grund, weshalb Sie das nicht tun sollten – denken Sie nur daran, die Garnenden gut zu befestigen.

Manchmal setzt sich ein Quadrat aus vielen runden Motiven zusammen. Diese runden Hauptmotive werden wie üblich zusammengefügt, wodurch eine Grundform mit viel Zwischenraum zwischen den Motiven entsteht. Diese Zwischenräume werden dann mit kleineren Motiven ausgefüllt. Die Füllmotive können ähnlich gearbeitet sein wie die Hauptmotive und beim Arbeiten der letzten Runde mit derselben Methode wie diese verbunden werden.

Manchmal beginnen die Füllmotive nicht wie die Hauptmotive mit einem Maschenring, sondern werden direkt in die Lücken oder Maschen des Hauptmotivs gearbeitet. Lesen Sie die Anleitung genau, damit Sie wissen, wo Sie anfangen müssen. Und arbeiten Sie die Füllmotive auf der richtigen Seite!

Häkelarbeiten anpassen

Sobald Ihnen klar ist, nach welchem Prinzip Motive gearbeitet und verbunden werden, gibt es keinen Grund, weshalb Sie nicht von der Vorlage abweichen sollten. Sie können die Motive zu einem Stück beliebiger Größe oder Form verbinden. Gefällt Ihnen z. B. ein Motiv einer gehäkelten Tischdecke, das Ihnen jedoch zu groß erscheint, können Sie auch weniger Motive häkeln und sie zu einem Kissenbezug, einem Deckchen oder einer Tablettauflage verbinden. Genauso können Sie das Motiv für eine Tischdecke häufiger arbeiten und zu einer Tagesdecke verbinden. Sie selbst planen, wie die Motive verbunden werden sollen.

MOTIVE BEIM ARBEITEN VERBINDEN

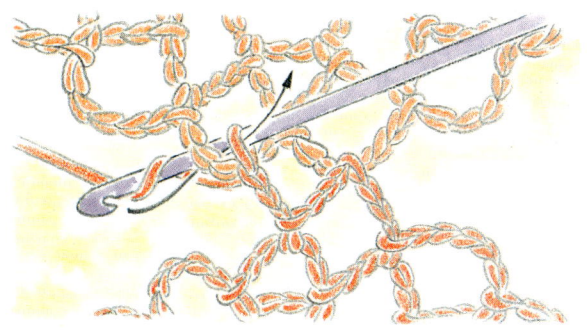

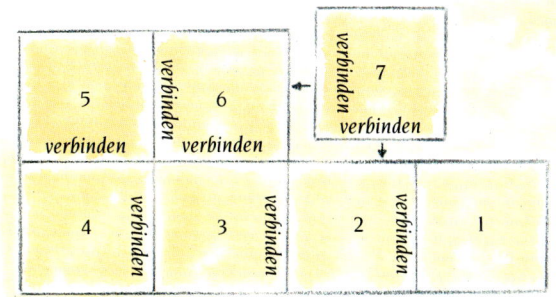

◆ Motive mit vielen Luftmaschen-Lücken am Rand sind leicht zusammenzuhäkeln. Das erste Motiv, an das die anderen angehäkelt werden, fertigen. Das nächste arbeiten, aber vor der letzten Runde aufhören. Das erste Motiv links auf links daran halten, die letzte Runde beginnen. Die Motive an den in der Vorlage beschriebenen Punkten mit Kett- oder festen Maschen verbinden, dadurch die mittlere Luftmasche jeder Schlinge an der Verbindungsstelle ersetzen. Die Verbindungsmasche um die entsprechende Luftmaschenschlinge des ersten Motivs arbeiten.

◆ Am leichtesten ist es, Motive zu Reihen zu verbinden, dann eine weitere Motivreihe zu arbeiten und diese fortlaufend mit der ersten zu verbinden. Quadratische Motive werden nur für die erste Reihe an den gegenüberliegenden Seiten zusammengefügt. Das erste Motiv der zweiten Reihe arbeitet man an der benachbarten Kante einer bereits verbundenen an ein Endmotiv. Alle anderen Motive dieser Reihe werden an zwei nebeneinanderliegenden Kanten verbunden – mit dem als vorletztes gearbeiteten Motiv und dem entsprechenden Motiv der Vorreihe.

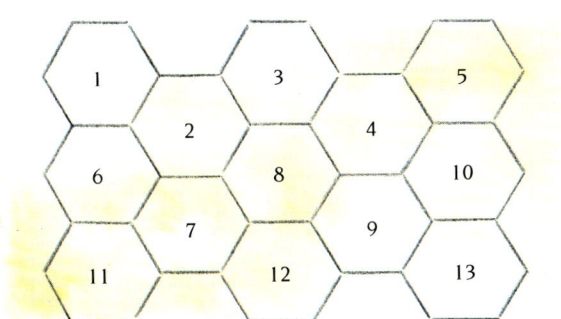

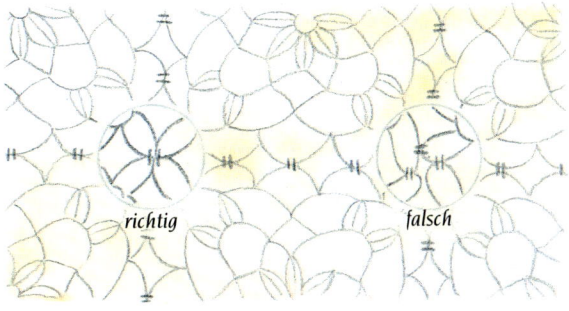

◆ Sollen die Motive kompliziert verbunden werden, kann vielleicht ein Schaubild die Lage der einzelnen Motive zeigen. Am besten überlegt man sich die Verbindungsart und schreibt die gewünschte Reihenfolge ins Schaubild. Oder man markiert auf dem Schaubild, welche Motive bereits verbunden sind.

◆ Werden Motive an einem Punkt verbunden, an dem schon zwei Motive verbunden sind, muß dies sorgfältig und richtig gemacht werden, damit keine unerwünschten Löcher entstehen. Diese Verbindung sollte *auf* die erste Verbindung gearbeitet werden, nicht daneben.

PERFEKTES QUADRAT

Diese elegante Tischdecke besteht aus rechteckigen Spitzenmotivs, die während der Arbeit verbunden werden. Hier mißt die Tischdecke fast einen Meter im Quadrat, doch können Sie von einem kleinen Deckchen aus nur vier Motiven bis zu einer prächtigen Tagesdecke alles machen!

GRÖSSE

Die fertige Tischdecke mißt ca. 98 cm im Quadrat.

SIE BENÖTIGEN

11 Knäuel à 50 g Häkelbaumwolle Anchor Liana 5 (ein Knäuel reicht für ca. 17 Motive)

Häkelnadel, 1,75 mm

BESONDERE ABKÜRZUNGEN

2 Stb zus – (U, Häkelnadel in nächste M einstechen, Schlinge durchziehen, U und Schl. durch 2 Schl. auf der Nadel ziehen) 2x, U und Schl. durch alle 3 Schl. auf der Nadel ziehen;

3 Stb zus – (U, Häkelnadel in nächste M einstechen, Schl. durchziehen, U und Schl. durch 2 Schl. auf der Nadel ziehen) 3x, U und Schl. durch alle 4 Schl. auf der Nadel ziehen.

MASCHENPROBE

Jedes Motiv mißt 7 x 7 cm, gehäkelt mit 1,7-mm-Häkelnadel.

GRUNDMOTIV

Mit 1,75-mm-Häkelnadel 8 Lm anschlagen und mit Km zu einem Ring verbinden.

1. Rd: 1 Lm (zählt *nicht* als M), 16 fM in den Ring, Km in erste fM.

2. Rd: 3 Lm, 2 Stb zus in die fM direkt an den 3 Lm (zählt als erste 3 Stb zus), (3 Lm, 1 fM übg, 3 Stb zus in nächste M) 7x, 3 Lm, 1 fM übg, Km oben in die 2 Stb zus am Rd-Anfang.

3. Rd: 1 Lm (zählt *nicht* als M), 1 fM direkt an die 1 Lm, (7 Lm, 3 Lm übg, 1 fM in die nächsten 3 Stb zus) 7x, 3 Lm, 3 Lm übg, 1 Dstb in erste fM.

4. Rd: 3 Lm (zählen als erstes Stb), 4 Stb in Lü, die durch das Dstb der Vor-Rd entstand, *4 Lm, 1 fM in nächste Lm-Lü, 4 Lm (5 Stb, 5 Lm und 5 Stb) in nächste Lm-Lü, wdh ab * noch 2x, 4 Lm, 1 fM in nächste Lm-Lü, 4 Lm, 5 Stb in nächste Lm-Lü – gleiche Lü wie (erste 3 Lm und 4 Stb), 5 Lm, Km oben in die 3 Lm am Rd-Anfang.

5. Rd: 7 Lm (zählen als 1 Stb und 4 Lm), *1 fM in nächste Lm-Lü, 5 Lm, 1 fM in nächste Lm-Lü, 4 Lm, (5 Stb, 3 Lm und 5 Stb) in nächste Lm-Lü, 4 Lm, wdh ab * noch 2x, 1 fM in nächste Lm-Lü, 5 Lm, 1 fM in nächste Lm-Lü, 4 Lm (5 Stb, 3 Lm und 4 Stb) in nächste Lm-Lü, Km in 3. von 7 Lm am Rd-Anfang. Faden befestigen.

Das Motiv bildet ein Quadrat. In jeder Ecke ist eine 3 Lm-Lü zwischen 2 Gruppen von 5 Stb, in der Mitte jeder Seite ist eine 5 Lm-Lü.

TISCHDECKE

Insgesamt 196 Motive nach der Anleitung für das Grundmotiv arbeiten und zu einem Quadrat aus 14 Reihen mal 14 Motiven verbinden. Die Motive beim Arbeiten der 5. Rd verbinden: (3 Lm) an den Ecken durch (1 Lm, 1 fM in die Eck-Lü des nebenliegenden Motivs, 1 Lm) und die (5 Lm) an den Seiten durch (2 Lm, 1 fM in die gegenüberliegende Lü an der Seite des nebenliegenden Motivs, 2 Lm) ersetzen.

Die Arbeit nach dem vorgegebenen Maß aufstecken und bügeln.

Häkelkanten

Ihre fertige Häkelarbeit läßt sich durch einen Zierrand noch verschönern. Dabei kommt es sehr auf die Art der Umrandung und auf sorgfältige Ausführung an.

Garn befestigen

Oft muß man das Garn neu befestigen, bevor man sich daran macht, den Rand zu arbeiten. Um das Garn an der in der Mustervorlage beschriebenen Stelle zu befestigen, machen Sie zuerst eine Anfangsschlinge wie üblich. Diese legen Sie auf die Häkelnadel und stechen die Nadel in die Arbeit ein. Schlagen Sie den Faden einmal um die Nadel und ziehen Sie diese Schlinge sowohl durch die Arbeit als auch durch die Anfangsschlinge. Nun können Sie mit dem Rand beginnen.

Maschen arbeiten

Meist werden Häkelkanten direkt in die Maschen an den Kanten des Hauptteils gearbeitet. Wenn Sie an der Oberkante einer Reihe arbeiten, stechen Sie die Maschen wie gewohnt unter die kettenstichartigen Schlingen ein. An der Kante mit dem Luftmaschenanschlag stechen Sie in die unterhalb jeder Masche verbleibende Luftmaschenschlinge ein.

Wie die Maschen an den Reihenenden plaziert werden, hängt von der Maschenart der Hauptarbeit ab. Bei einem Spitzenmuster müssen Sie vielleicht um die Luftmaschen oder Stäbchen an den Kanten häkeln, doch bei Gewebe aus festen Maschen können Sie mit der Nadel wahrscheinlich direkt in die Maschen einstechen. Manche Muster erfordern auch eine Kombination dieser beiden Methoden.

Geformte Kanten wirken oft stufig. Hier stechen Sie in Reihenenden und -oberseiten ein, Sie folgen also verschiedenen Methoden, mit der Nadel einzustechen. Ist der Rand richtig gearbeitet, wird die Kante gleichmäßiger.

Oft dienen Umrandungen auch dazu, lockere Kanten einzuhalten, besonders am Luftmaschenanschlag, wo die Arbeit gern auslleiert. Achten Sie daher auf die richtige Maschenanzahl für den Rand. Selbst wenn die Anleitung eine bestimmte Zahl vorgibt, brauchen Sie wegen Ihrer persönlichen, festeren oder lockereren Art zu häkeln vielleicht mehr oder weniger Maschen. Oder Sie verwenden eine andere Häkelnadelstärke.

Für einen einfachen Rand können Sie eine Reihe (oder Runde) feste Maschen arbeiten, wobei es Ihnen überlassen bleibt, die richtige Anzahl herauszufinden. Häkeln Sie zu viele Maschen, kräuselt sich die Arbeit – zu wenige ziehen sie zusammen. Die richtige Anzahl hängt davon ab, wie locker und mit welchem Garn Sie häkeln und wie der Rand werden soll. Da ein oder zwei Häkelreihen äußerst elastisch sein können, brauchen Sie weniger Maschen als gedacht.

An Ober- und Unterkante der Arbeit empfiehlt es sich, eine Masche für jede Masche der ursprünglichen Kante zu häkeln, auch wenn Sie für einen ordentlichen Verlauf die eine oder andere Masche übergehen.

Die Höhe der Häkelmaschen bestimmt deren Zahl an einer Reihenendkante. Als grobe Orientierung gilt: eine Masche für jedes Reihenende feste Maschen und zwei Maschen für jedes Reihenende Stäbchen. Verteilen Sie die Anzahl für jede Maschenart gleichmäßig, damit die Kante glatt wird.

Viele Ränder besitzen Eckpunkte, an denen mehr Maschen nötig sind, damit die Arbeit flachliegt. Randmaschen werden in Reihenenden oder in Maschen gearbeitet – doch am echten Eckpunkt einer

Häkelarbeit gibt es keines von beidem! Der als Eckpunkt der Umrandung gewählte Punkt kann letztes Reihenende oder erste Masche der Reihe sein.

Wird der Rand in festen Maschen gehäkelt, ergeben drei in den Eckpunkt gearbeitete Maschen eine saubere, leicht gerundete, aber im Prinzip rechtwinkelige Ecke. Der Eckpunkt der nächsten Reihe oder Runde wird in die mittlere Masche dieser Dreiergruppe gearbeitet. In jeder Reihe oder Runde wiederholen sich diese drei Eckmaschen.

Höhere Maschen verlängern die Außenkante des Rands, weshalb mehr Maschen in den Eckpunkt gearbeitet werden müssen. Ebenso ändert sich die Maschenzahl, wenn die Ecke nicht rechtwinkelig ist.

Spitzen- und Zierränder

Nicht alle Ränder sind so einfach, daß Sie nur eine oder zwei Reihen einer Maschenart zu häkeln brauchen – manche bestehen selbst aus Spitzenmustern. Oft schreiben Anleitungen vor, in der ersten Reihe (Runde) einer Kante ein Vielfaches einer bestimmten Maschenzahl plus eine feste Anzahl zu arbeiten. Dies gilt als Anschlag für den gemusterten Rand, aber das Muster geht nicht auf, wenn Sie nicht die richtige Anzahl oder das richtige Vielfache an Maschen häkeln. Bei einem Zierrand gibt die Anleitung die Maschen für den Eckpunkt meist genau an.

Die beliebte Umrandung mit Namen **Krebsstich** wirkt gerippt. Obwohl sie schwierig aussieht und Sie vielleicht eine Weile brauchen, um sie zu erlernen, erweist sie sich als unglaublich einfach. Krebsstich besteht aus rückwärts gehäkelten festen Maschen.

An vielen Rändern wird auch ein **Pikot** gearbeitet, d.h. eine kleine Schlinge, die über den Rand hinaussteht. Pikot eignet sich für eine glatte Kante aus festen Maschen wie auch als Teil einer Spitzenkante. Es ist eine Schlinge aus Luftmaschen, deren Enden verbunden werden. Die Anzahl von Luftmaschen eines Pikots und die Art, wie die Schlinge geschlossen wird, kann von Muster zu Muster variieren.

Die häufigste Pikotform besteht aus drei oder vier Luftmaschen und einer Kettmasche. An den Punkt, an dem das Pikot entstehen soll, die Luftmaschen arbeiten. Schließen Sie dann die Schlinge, indem Sie eine Kettmasche in die erste Luftmasche des Pikots arbeiten.

KREBSSTICH

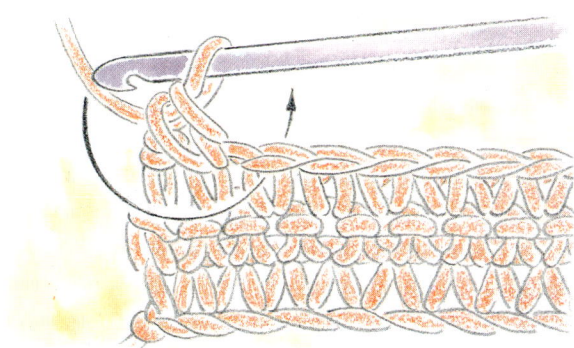

1 ◆ Beim Häkeln von festen Maschen in Reihen wird die Arbeit am Anfang jeder Reihe gewendet, um die nächste zu beginnen. Für den Krebsstich die Arbeit nicht umdrehen, sondern die Nadel in die letzte Masche der letzten Reihe einstechen.

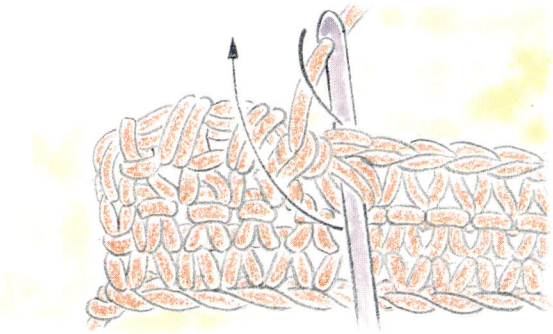

2 ◆ In diese Masche eine feste Masche wie gewohnt arbeiten. Nun rückwärts die Reihe entlang fortfahren und in jede Masche eine feste Masche arbeiten. Statt des üblichen »Kettenstich«-Rands entsteht nun eine gerippte Wirkung – Krebsstich!

GUT GELAUFEN

*Mit diesem Spitzenläufer verschönern Sie
Ihren Tisch, Ihr Sideboard oder Bücherregal. Das einfache Muster
besteht nur aus Stäbchenvariationen und Luftmaschen
und ist mit einer Krebsstichkante verziert.*

GRÖSSE

Der fertige Läufer mißt
30 x 90 cm.

SIE BENÖTIGEN

2 Knäuel à 50 g Häkelbaumwolle Coats Aida 10

Häkelnadel, 1,25 mm

MASCHENPROBE
40 M, 18 R auf 10 cm, gemessen über das Muster, gehäkelt mit einer 1,25-mm-Häkelnadel.

LÄUFER
Hauptteil
Mit der 1,25-mm-Häkelnadel 114 Luftmaschen anschlagen.
Grundreihe (re): 1 Stb in die 4. Lm von der Nadel aus, 1 Stb in jede Lm bis zum Ende, wenden. 112 M. Muster arbeiten wie folgt:
1. R: 3 Lm (zählen als 1 Stb), je 1 Stb in die nächsten 3 Stb, *5 Lm (2 Stb übg, 1 Dstb in nächstes Stb) 4x, 5 Lm, 2 Stb übg, je 1 Stb in die nächsten 4 Stb, wdh von * bis Ende, wenden.
2. R: 3 Lm (zählen als 1 Stb), je 1 Stb in die nächsten 3 Stb, (5 Lm, 5 Lm übg, je 1 fM in die nächsten 4 Dstb, 5 Lm, 5 Lm übg, je 1 Stb in die nächsten 4 Stb) bis Ende, wenden.
3. R: 3 Lm (zählen als 1 Stb), je 1 Stb in die nächsten 3 Stb, (5 Lm, 5 Lm übg, je 1 fM in die nächsten 4 fM, 5 Lm, 5 Lm übg, je 1 Stb in die nächsten 4 Stb) bis Ende, wenden.
4. R: wie 3. R.
5. R: 3 Lm (zählen als 1 Stb), je 1 Stb in die nächsten 3 Stb, *2 Lm, 5 Lm übg (1 Dstb in nächste fM, 2 Lm), 4x, 5 Lm übg, je 1 Stb in die nächsten 4 Stb, wdh von * bis Ende, wenden.
6. R: 3 Lm (zählen als 1 Stb), je 1 Stb in die nächsten 3 Stb, *(2 Stb in nächste Lm-Lü, 1 Stb in nächstes Dstb) 4x, 2 Stb in nächste Lm-Lü, je 1 Stb in die nächsten 4 Stb, wdh von * bis Ende, wenden.
Diese sechs Reihen bilden das Muster und werden wiederholt. Diese 6 R noch 25x wdh, am Ende der letzten 6. Must-R *nicht* wenden.
Rand arbeiten
1. Rd (re): 1 Lm (zählt *nicht* als M), 2 fM in jedes Reihenende bis zum Beginn des Lm-Anschlags, 3 fM in erste Lm des Anschlags, je 1 fM in die nächsten 110 Lm, 3 fM in nächste Lm, 2 fM in jedes Reihenende bis zum Anfang der letzten R des Hauptteils, 3 fM in erste M der letzten R des Hauptteils, je 1 fM in die nächsten 110 M, 3 fM in letzte M, Km in erste fM.
2. Rd: 4 Lm (zählen als 1 Stb und 1 Lm), 2 fM übg, *(1 Stb in nächste fM, 1 Lm, 1 fM übg) bis Stb in mittlerer fM der Eckgruppe aus 3 fM, 4 Lm (= hier insges. 5 Lm), 1 Stb in dieselbe mittlere fM der Eckgruppe, 1 Lm**, 2 fM übg, wdh von * an 3x mehr bis **, 1 fM übg, Km in 3. von 4 Lm am Rd-Anfang.
3. Rd: 3 Lm (zählen als 1 Stb), *(1 Stb in nächste Lm-Lü, 1 Stb in nächstes Stb) bis zu den 5 Eck-Lm, je 1 Stb in die nächsten 2 Lm, (2 Stb, 1 Dstb, 2 Stb) in nächstes Stb, je 1 Stb in die nächsten 2 Lm, 1 Stb in nächstes Stb, wdh ab * noch 3x, 1 Stb in nächste Lm-Lü, Km in die oberste der 3 Lm am Rd-Anfang.
Nun eine Runde Krebsstich (fM, von li nach re statt umgekehrt gearbeitet) um die ganze Außenkante arbeiten, mit Km in die erste M enden.
Faden befestigen. Arbeit nach dem vorgegebenen Maß aufstecken und bügeln.

Filethäkelei

Filethäkelei ist eine besondere Häkelform, bei der ein Netz aus gefüllten und offenen Blöcken entsteht. Die Lage der gefüllten Blöcke bildet das Muster. Die Vorlage wird ein wenig anders befolgt als andere Häkelanleitungen.

Um diese Art des Häkelns zu verstehen, stellen Sie sich das Grundnetz als Liniengitter vor. Sie haben hohe Maschen (gewöhnlich ein Stäbchen) für die Längslinien und Luftmaschen (in der Regel zwei) zur Bildung der Querlinien. Die gefüllten Blöcke entstehen, indem die Luftmaschen an der Oberseite eines offenen Blocks durch dieselbe Anzahl hoher Maschen in die untere Querlinie ersetzt werden.

Die meisten Anleitungen für Filethäkelei beginnen mit einer ausführlichen Beschreibung des Gitters oder Grundnetzes, meist über die ersten paar Reihen. Sie wissen dann, welche Art hohe Masche Sie arbeiten und wie viele Luftmaschen sich an der Oberseite jedes offenen Blocks befinden. Dazu kommen Anweisungen, wie die einzelnen Reihen zu beginnen und zu beenden sind.

Von da an folgen Sie einer Vorlage. Ein Quadrat der Vorlage stellt einen Block des Gitters dar – an den Seiten des Quadrats befindet sich je eine hohe Masche, oben und unten Luftmaschen. Gefüllte Quadrate entsprechen gefüllten Blöcken. Jede Reihe auf der Vorlage entspricht einer gehäkelten Reihe von Blöcken. Sie folgen nun einfach der Vorlage, arbeiten ständig dasselbe Grundnetz und plazieren die offenen und gefüllten Blöcke wie vorgegeben.

Formen mit Filethäkelei

Meist stellt man mit Filethäkelei rechtwinkelige Arbeiten her, doch die Form der Seitenkanten läßt sich auch verändern. Dies geschieht gewöhnlich durch Hinzufügen oder Wegnehmen vollständiger Blöcke am Anfang oder Ende der Reihen. Um am Reihenanfang abzunehmen, arbeiten Sie mit Kettmaschen an der Oberseite der letzten Reihe entlang, bis Sie die erste Längslinie erreichen, die für die nächste Reihe benötigt wird. Hier beginnen Sie wie gewohnt – nur an einem anderen Punkt. Um am Reihenende abzunehmen, lassen Sie die benötigte Anzahl von Blöcken weg und drehen die Arbeit am neuen Endpunkt.

Manchmal ist das Formen nicht ganz so einfach – dann nehmen Sie zu oder ab, indem Sie entweder diagonal oder der Breite nach nur einen halben Block häkeln. Folgen Sie der Anleitung, in der dieses Zu- oder Abnehmen genau beschrieben wird.

Am einfachsten und besten ist das Zunehmen am Reihenanfang, indem Sie für die neuen Blöcke einen neuen Luftmaschenanschlag machen.

Zunehmen am Ende der Reihe sollte in der Vorlage ausführlich erklärt sein – wie es gearbeitet wird, hängt jeweils von der Art des Grundnetzes ab.

Runde Filethäkelei

Es ist auch möglich, flache Kreise in Filethäkelei zu arbeiten. Wie bei den meisten runden Häkelarbeiten beginnen Sie mit einem Luftmaschenring. Die ersten Reihen, die in diesen Ring gearbeitet werden, bilden die Basis für das Grundnetz. Sobald sie fertig sind, entsteht der Kreis durch das Häkeln mehrerer identischer Abschnitte, die Sie sich wie Tortenstücke vorstellen können. Zwischen den »Stücken« werden Maschen zugenommen, während die Arbeit nach außen fortschreitet.

Vorlagen für runde Filethäkelei zeigen nur einen der Abschnitte. Die Anleitung gibt gewöhnlich vor,

wie zwischen den Abschnitten zugenommen wird. Der auf der Vorlage abgebildete Abschnitt muß genau nach Anleitung wiederholt werden, da die Arbeit sonst nicht flachliegt.

Ecken arbeiten

Ränder aus Filethäkelei sind einfach zu arbeiten – entweder der Länge oder der Breite nach.

Werden sie der Breite nach gearbeitet, dann gibt es einen Eckpunkt, dessen Herstellung in der Anleitung beschrieben sein wird. Behandeln Sie diese Form der Filethäkelei genauso wie die Arbeit an jedem anderen Rand auch.

Wenn Sie den Rand der Länge nach arbeiten, häkeln Sie die Ecken gewöhnlich diagonal. Dazu werden ganze Blöcke abgenommen, bis der äußere Eckpunkt erreicht ist. Die zweite Hälfte der Ecke wird dann so gearbeitet, daß die Reihenenden des ersten Teils die Grundlage für die folgenden Reihen darstellen.

IN BAUSCH UND BOGEN

Das hübsche Schleifenmuster wird rundenweise in ein Filetnetz gearbeitet und wiederholt sich auf den sechs Abschnitten dieser Tischdecke.

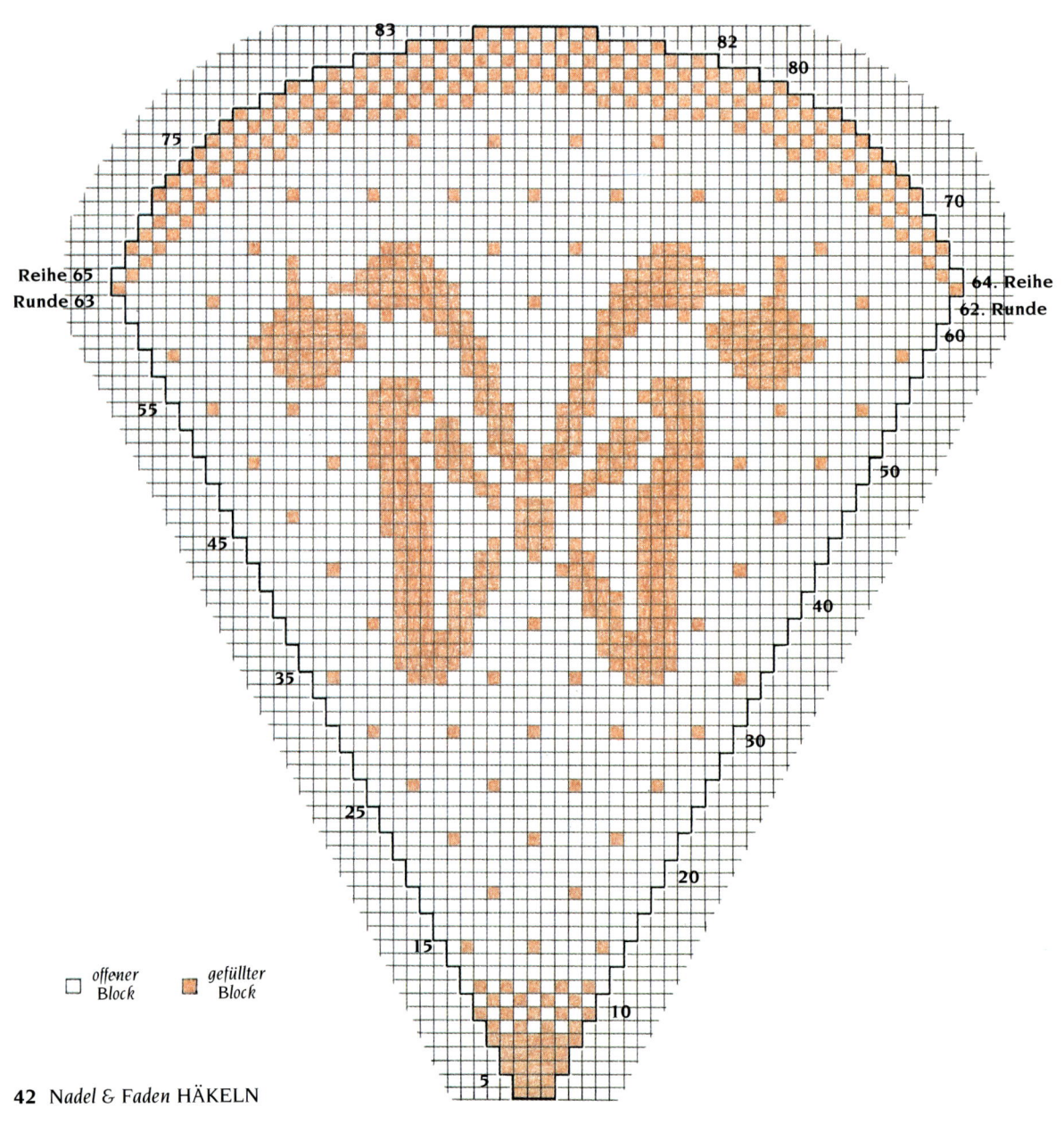

42 Nadel & Faden HÄKELN

GRÖSSE

Die fertige Tischdecke mißt an der breitesten Stelle 71 cm im Durchmesser.

SIE BENÖTIGEN

3 Knäuel à 50 g Häkelbaumwolle Coats Aida 20

Häkelnadel, 1,00 mm

MASCHENPROBE
19 Blöcke, 23 R auf 10 cm, gemessen über das Filetnetz, gehäkelt mit einer 1,00-mm-Häkelnadel.

ANMERKUNGEN
Der Abschnitt auf der Vorlage wird 6x wiederholt, wobei entweder 3 Lm oder 5 Lm die Teile trennen. Fürs Grundnetz (2 Lm, 2 M übg, 1 Stb in nächstes Stb) für offene und (je 1 Stb in die nächsten 3 M) für gefüllte Blöcke arbeiten.

TISCHDECKE
Mit der 1,00-mm-Häkelnadel 8 Lm anschlagen und mit einer Km zu einem Ring verbinden.
1. Rd: 3 Lm (zählen als 1 Stb), 17 Stb in den Ring, Km oben in 3 Lm am Rd-Anfang.
2. Rd: 5 Lm (zählen als 1 Stb und 2 Lm), (1 Stb in nächstes Stb, 2 Lm), 17x, Km in 3. der 5 Lm am Rd-Anfang.
3. Rd: 3 Lm (zählen als 1 Stb), (2 Stb in nächste Lü, 1 Stb in nächstes Stb), 17x, 2 Stb in letzte Lü, Km in oberste der 3 Lm am Rd-Anfang.
4. Rd: 6 Lm (zählen als 1 Stb und 3 Lm), 1 Stb direkt an die 6 Lm, *je 1 Stb in die nächsten 8 Stb, (1 Stb, 3 Lm und 1 Stb) in nächstes Stb, wdh ab * noch 4x, je 1 Stb in die nächsten 8 Stb, Km in 3. der 6 Lm am Rd-Anfang, wenden.
5. Rd: 3 Lm (zählen als 1 Stb), je 1 Stb in die nächsten 9 Stb, 5 Lm, *3 Lm übg, je 1 Stb in die nächsten 10 Stb, 5 Lm, wdh ab * noch 4x, Km oben in 3 Lm am Rd-Anfang, wenden.
6. Rd: Km entlang der 3. bis 5. Lm, 6 Lm (zählen als 1 Stb und 3 Lm), 1 Stb direkt an die 6 Lm, *je 1 Stb in die nächsten 2 Lm, je 1 Stb in die nächsten 10 Stb, je 1 Stb in die nächsten 2 Lm (1 Stb, 3 Lm, 1 Stb) in die nächste Lm, wdh ab * noch 4x, je 1 Stb in die nächsten 2 Lm, je 1 Stb in die nächsten 10 Stb, je 1 Stb in die nächsten 2 Lm, Km in die 3. der 6 Lm am Rd-Anfang, wenden.

Diese 6 Rd bilden die Grundlage für das Gitter – Sie haben nun 6 Abschnitte aus 5 gefüllten Blöcken, die jeweils durch 3 Lm getrennt sind.
Der Vorlage folgen, bis die 63. Rd beendet ist. Am Ende jeder Rd die Arbeit wenden.
Nun auf jeden Abschnitt die Reihen 64–83 der Vorlage arbeiten.
Faden befestigen.
Arbeit nach dem vorgegebenen Maß aufstecken und bügeln.

GRENZLINIEN

*Diese Filethäkelei stellt eine Blumenvase dar und
hat einen gezackten Rand, der in Runden gearbeitet wird.
Verwenden Sie diese Arbeit für ein zartes
Kissen oder als Deckchen.*

GRÖSSE

Das fertige Mittelteil
mißt ca. 35 x 24 cm.
Der Rand ist an seiner
breitesten Stelle ca.
8,5 cm breit.

SIE BENÖTIGEN

2 Knäuel à 50 g
Häkelbaumwolle
Anchor Liana 10

Häkelnadel, 1,50 mm

Kissen und Bezug,
ca. 35 x 24 cm

MASCHENPROBE

16 Blöcke, 18 R auf 10 cm, gemessen über das Filetnetz, gehäkelt mit einer 1,50-mm-Häkelnadel.

HÄKELKISSENBEZUG
Mittelteil

169 Lm anschlagen.
1. R (re): 1 Stb in 5. Lm von der Nadel aus, 1 Stb in jede Lm bis Ende, wenden. 166 M.
2. R: 3 Lm (zählen als 1. Stb), je 1 Stb in die nächsten 3 Stb, (2 Lm, 2 Stb übg, 1 Stb in nächstes Stb) bis zu den letzten 3 M, je 1 Stb in die nächsten 2 Stb, 1 Stb in oberste Wende-Lm, wenden. 55 Blöcke.
Diese Reihe bildet die Grundlage des Gitters. Nun der Vorlage ab der 3. R folgen.
Jede R mit 3 Lm (zählen als 1. Stb) beginnen, mit einem Stb in die oberste Wende-Lm der Vorreihe beenden.
Offene Blöcke (2 Lm, 2 M übg, 1 Stb in nächstes Stb) und gefüllte Blöcke (je 1 Stb in die nächsten 3 M) häkeln.
So weiterarbeiten, bis alle 43 R fertig sind.
Am Ende der letzten R nicht Faden befestigen und nicht wenden.

Rand

Außenkante des Mittelteils:
1. Rd (re): 5 Lm (zählen als 1 Stb und 2 Lm), (1 Dstb, 2 Lm, 1 Stb) direkt an die ersten 5 Lm – Eckpunkt. Entlang der Reihenendkante: 3 Stb um das Stb am Ende der 43. R, (2 Lm, Wende-Lm am Anfang der Vorreihe übg, 4 Stb um das Stb am Anfang der Vorreihe) bis zum Eckpunkt – Einstichstelle des letzten Stb der 1. R des Mittelteils, (2 Lm, 1 Dstb, 2 Lm, 1 Stb) in denselben Eckpunkt. Entlang der Lm-Anschlagskante: je 1 Stb in die nächsten 3 Lm (2 Lm, 2 Lm übg, je 1 Stb in die nächsten 4 Lm) bis zum nächsten Eckpunkt – unterste Wende-Lm am Anfang der ersten R des Mittelteils, (2 Lm, 1 Dstb, 2 Lm, 1 Stb) in denselben Eckpunkt. Entlang der nächsten Reihenendkante: 3 Stb um die Wende-Lm am Anfang der ersten R, (2 Lm, Stb am Ende der nächsten R übg, 4 Stb um die Wende-Lm am Anfang der nächsten R) bis zum nächsten Eckpunkt – oberste Wende-Lm am Anfang der 43. R, (2 Lm, 1 Dstb, 2 Lm und 1 Stb) in dieselbe Eckpunkt-M. Entlang der Oberkante der 43. R: je 1 Stb in die nächsten 3 Stb, (2 Lm, 2 Stb übg, je 1 Stb in die nächsten 3 Stb) bis Ende, 1 Stb am Ende der letzten Wdh auslassen, Km in 3. der 5 Lm am Rd-Anfang und entlang der Oberkante bis zum 1. Dstb, wenden.
2. Rd: 5 Lm (zählen als 1 Stb und 2 Lm), (1 Dstb, 2 Lm, 1 Stb) oben in das Dstb, *je 1 Stb in die nächsten 3 M, (2 Lm, 2 M übg, je 1 Stb in die nächsten 4 M) bis zum nächsten Dstb, (2 Lm, 1 Dstb, 2 Lm, 1 Stb) in dasselbe Dstb, wdh von * noch 2x, je 1 Stb in die nächsten 3 M, (2 Lm, 2 M übg,

Mittelteil

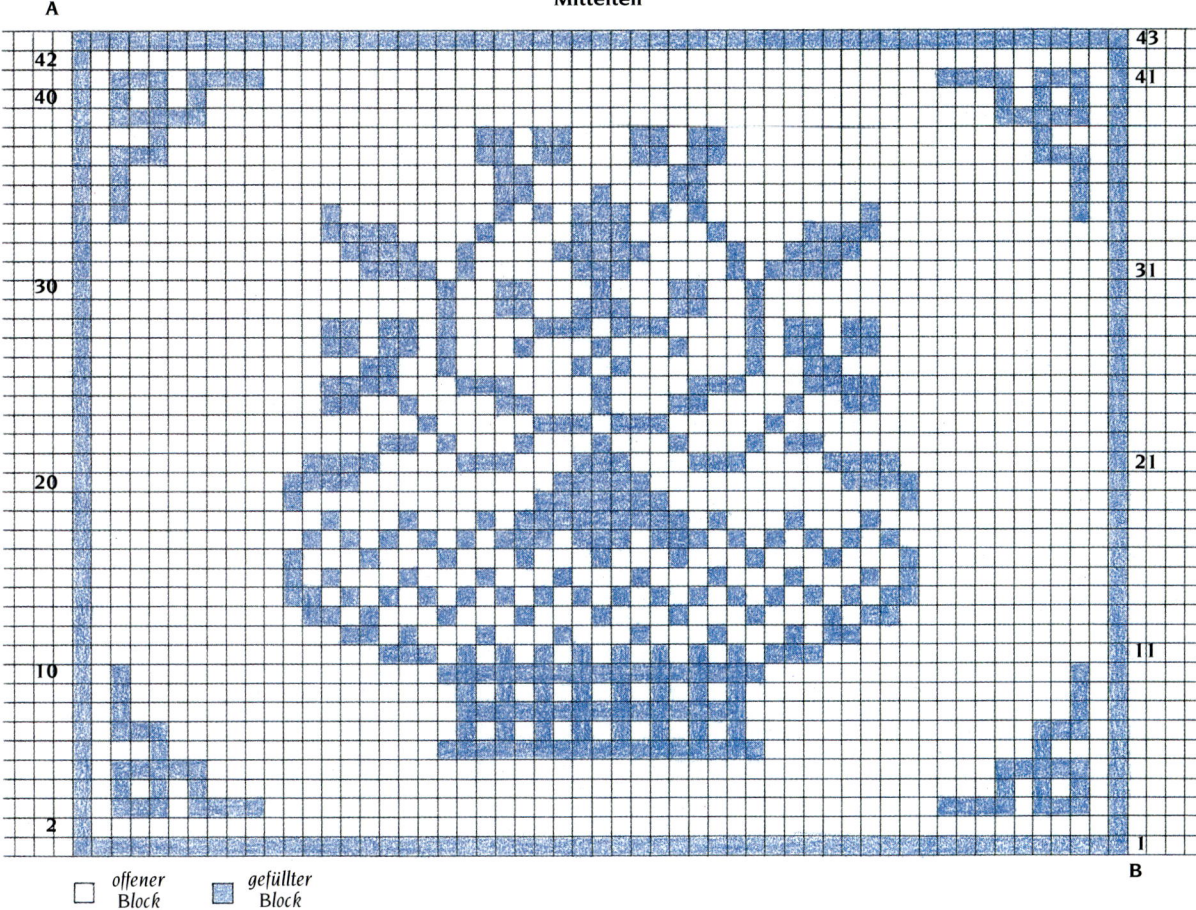

☐ offener Block ■ gefüllter Block

je 1 Stb in die nächsten 4 M) bis Ende, letztes Stb am Ende der letzten Wdh auslassen, Km in 3. der 5 Lm am Rd-Anfang und entlang der Oberkante bis zum 1. Dstb, wenden. Diese 2 R bilden die Grundlage des Gitters. Der Vorlage auf der nächsten Seite ab der 3. Rd folgen und die Arbeit am Ende jeder Runde drehen. Jede Rd mit (5 Lm – zählen als 1 Stb und 2 Lm, (1 Dstb, 2 Lm, 1 Stb) in dasselbe Dstb) beginnen und mit (Km in 3. der 5 Lm am Rd-Anfang und entlang der Oberkante bis zum 1. Dstb, wenden) beenden. In die anderen 3 Ecken – markiert durch ein Dstb – (1 Stb, 2 Lm, 1 Dstb, 2 Lm, 1 Stb) arbeiten. Offene und gefüllte Blöcke arbeiten wie für den Mittelteil. So weiter, bis die 8. Rd fertig ist.

Nun die 9. Rd arbeiten, jedoch mit gefüllten Ecken wie folgt:
Erste Ecke: 3 Lm (zählen als 1 Stb), (1 Stb, 3 Dstb, 2 Stb) in dasselbe Dstb.
Andere Ecken: (2 Stb, 3 Dstb, 2 Stb) in das Eck-Dstb.

Die Spitzen in Reihen arbeiten:
Erste Spitze
10. R: Km über nächste Dstb und 2 Stb, 3 Lm (zählen als 1 Stb), je 1 Stb in die nächsten 6 M, (2 Lm, 2 M übg, 1 Stb in nächstes Stb) 3x, je 1 Stb in die nächsten 3 M, (2 Lm, 2 M übg, 1 Stb in nächste M) 3x, je 1 Stb in die nächsten 6 M, wenden. 11 Blöcke.

11. R: Km über die letzten 3 Stb der Vorreihe und in nächstes Stb, 3 Lm (zählen als 1 Stb), je 1 Stb in die nächsten 6 M, (2 Lm, 2 M übg, 1 Stb in die nächste M) 5x,

je 1 Stb in die nächsten 6 M, wenden. 9 Blöcke.
12. R: Km über letzte 3 Stb der Vorreihe und in nächstes Stb, 3 Lm (zählen als 1 Stb), je 1 Stb in die nächsten 6 M, (2 Lm, 2 M übg,

1 Stb in die nächste M) 3x, je 1 Stb in die nächsten 6 M, wenden. 7 Blöcke.
13. R: Km über die letzten 3 Stb der Vorreihe und in nächstes Stb, 3 Lm (zählen als 1 Stb), je 1 Stb

in die nächsten 6 M, 2 Lm, 2 M übg, je 1 Stb in die nächsten 7 M, wenden. 5 Blöcke.
14. R: Km über die letzten 3 Stb der Vorreihe und in nächstes Stb, 3 Lm (zählen als 1 Stb), je 1 Stb

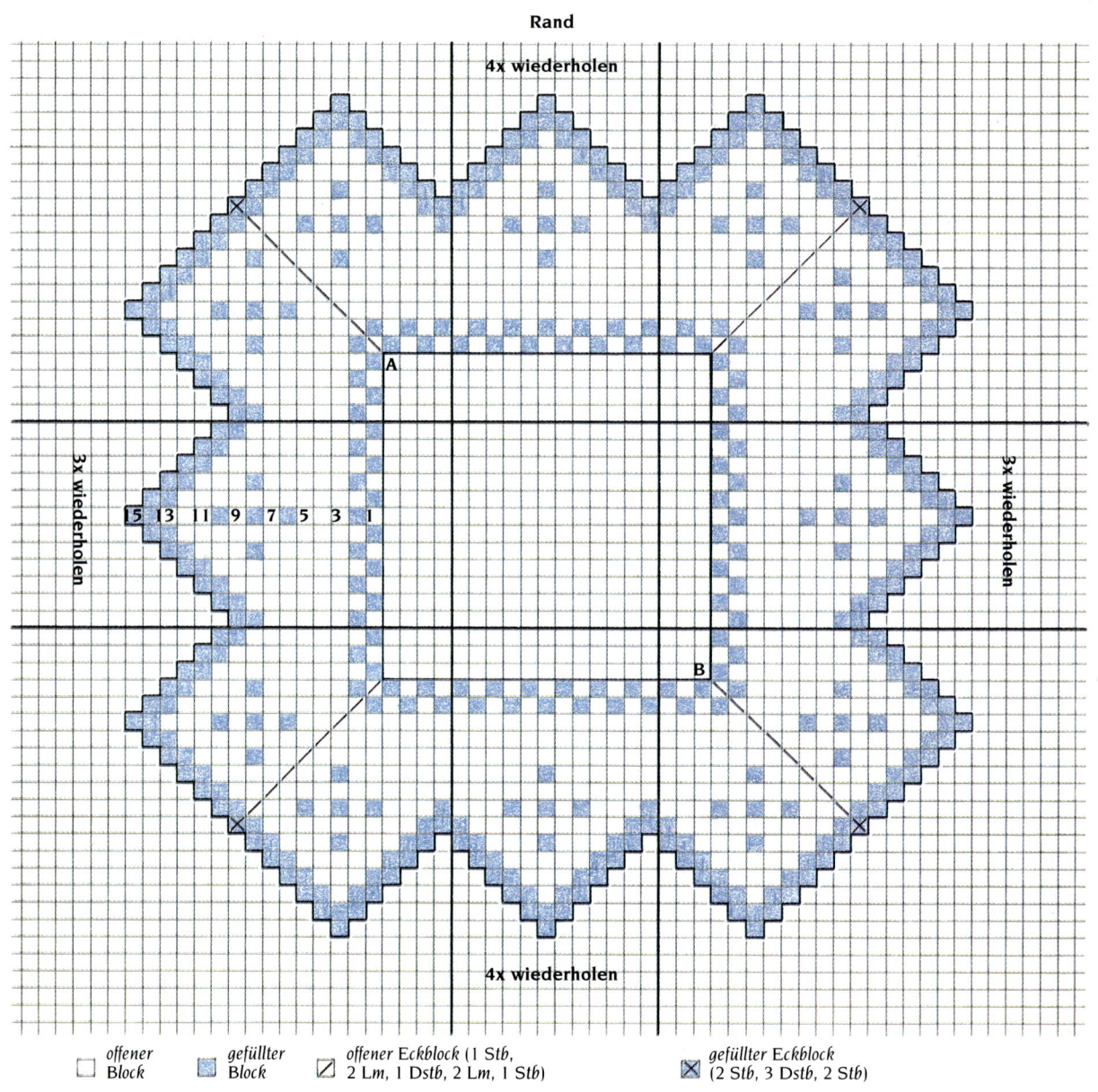

in die nächsten 9 M, wenden. 3 Blöcke.
15. R: Km über die letzten 3 Stb der Vorreihe und in nächstes Stb, 3 Lm (zählen als 1 Stb), je 1 Stb in die nächsten 3 M. 1 Block. Faden befestigen.
Zweite Spitze
Zur 9. Rd zurück und Garn an der 3. M nach der letzten, für die erste Spitze gearbeiteten, befestigen.
10. R: 3 Lm (zählen als 1 Stb), je 1 Stb in die nächsten 6 M, (2 Lm, 2 M übg, 1 Stb in nächstes Stb) 7x, je 1 Stb in die nächsten 6 M, wenden. 11 Blöcke.
Diese Spitze wie die erste mit den Reihen 11 bis 15 beenden.
Alle übrigen Spitzen
Wie die zweite Spitze arbeiten, aber an den Ecken Garn in der 9. Rd statt an der 3. an der 6. M nach der letzten, für die vorherige Spitze verwendeten, befestigen.

FERTIGSTELLUNG
Die Arbeit nach dem vorgegebenen Maß aufstecken, bügeln. Von Hand sauber an die Kissenvorderseite nähen; der Rand steht über.

ROSIGE ZEITEN

Diese zarte Filetborte mit Rosenmotiven und einer zierlichen Bogenkante verleiht jeder Umgebung nostalgischen Charme. Sie wird der Länge nach aus sehr feiner Häkelbaumwolle gearbeitet.

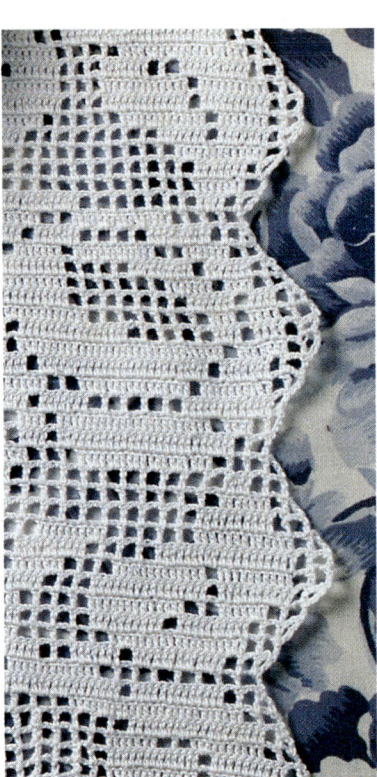

GRÖSSE

Die Borte mißt an ihrer breitesten Stelle ca. 11 cm. Ein vollständiger Musterrapport ist 16 cm lang.

SIE BENÖTIGEN

2 Knäuel à 50 g Häkelbaumwolle Coats Opera 30 (alternativ: 10 Knäuel à 10 g Anchor Glanzhäkelgarn 40)

Häkelnadel, 0,75 mm (bzw. 1,00 mm)

ein Stück Stoff für die Mitte, ca. 50 x 35 cm

BESONDERE ABKÜRZUNGEN
Blk – Block, Blks – Blöcke

MASCHENPROBE
22 Blks, 24 R auf 10 cm, gemessen über das Filetnetzmuster, gehäkelt mit 0,75-mm-Häkelnadel.

Erläuterungen zur Form
BOGENKANTE
Der Bogen an der äußeren Bortenkante entsteht durch Zu- und Abnahmen von je einem halben Block. Da die Vorlage eine ungerade Reihenzahl hat, erscheinen die formgebenden Maschen nicht immer an demselben Reihenende wie beim letzten Rapport.
Bogenkante wie folgt arbeiten:

Halber Blk Zun am R-Anfang:
6 Lm (zählen als 1 Dstb und 2 Lm), 1 Stb direkt an die 6 Lm, Must bis zum Ende, wenden.

Halber Blk Zun am R-Ende:
Must bis zur letzten M, 1 Stb in letzte M, 2 Lm, 1 Dstb in dieselbe Stelle wie das letzte Stb, wenden.

Halber Blk Abn am R-Anfang:
4 Lm, 1. Stb und nächste 2 M übg, 1 Stb in nächste M, Must bis zum Ende, wenden.

Halber Blk Abn am R-Ende:
Must bis zu letzten 4 M, Faden holen, Häkelnadel in nächste M einstechen und Schlinge durchziehen, Faden holen und durch 2 Schlingen ziehen, (Faden holen) 2x, 2 M übg, Nadel in nächste M einstechen – letzte M der R – und Schlinge durchziehen, (Faden holen, durch 2 Schlingen ziehen) 2x, Faden holen, durch alle 3 Schlingen auf der Nadel ziehen, wenden.

ECKEN
Ecken der Borte diagonal arbeiten. Arbeit an der Spitze einer Ecke beginnen, Blöcke zunehmen, bis die volle Bortenbreite erreicht ist. Ersten Teil der nächsten Ecke arbeiten, indem bis zur Spitze abgenommen wird. Zweite Hälfte der Ecke arbeiten und wieder bis zur vollen Breite zunehmen. Hier dienen die Reihenenden des ersten Teils als »Anschlag« für die zugenommenen Maschen.

BORTE

14 Lm anschlagen.

1. R: 1 Stb in 8. Lm von der Nadel (erster offener Blk), je 1 Stb in die nächsten 3 Lm (erster gefüllter Blk), 2 Lm, 2 Lm übg, 1 Stb in nächste Lm (nächster offener Blk), 2 Lm, 1 Dstb in dieselbe Stelle wie das letzte Stb (zugenommener halber Blk), wenden.

2. R: 5 Lm (zählen als 1 Stb und 2 Lm – erster ganzer offener Blk), übg (1. Dstb, 2 Lm), 1 Stb in nächstes Stb (1 offener Blk), je 1 Stb in die nächsten 6 M (2 gefüllte Blks), 2 Lm, 2 Lm übg, 1 Stb in nächste Lm (offener Blk), wenden.

3. R: 10 Lm, 1 Stb in 8. Lm von der Nadel, 2 Lm, 2 Lm übg, 1 Stb in nächstes Stb (letztes Stb der Vorreihe – 2 Blks zugenommen), 2 Lm, 2 Lm übg, je 1 Stb in die nächsten 7 Stb, 2 Lm, 2 Lm übg, (1 Stb, 2 Lm, 1 Dstb) in nächste Lm, wenden.

4. R: 5 Lm, übg (1. Dstb, 2 Lm), je 1 Stb in die nächsten 13 M (2 Lm, 2 Lm übg, 1 Stb in nächste M) 2x, wenden.

5. R: 10 Lm, 1 Stb in 8. Lm von der Nadel, (2 Lm, 2 Lm übg, 1 Stb in nächstes Stb) 2x, je 1 Stb in die nächsten 6 M, 2 Lm, 2 Lm übg, je 1 Stb in die nächsten 7 M, 2 Lm, 2 Lm übg, (1 Stb, 2 Lm, 1 Dstb) in nächste Lm, wenden.

6. R: 5 Lm, übg (1. Dstb, 2 Lm), 1 Stb in nächstes Stb, 2 Lm, 2 Lm übg, je 1 Stb in die nächsten 7 M, 2 Lm, 2 Lm übg, je 1 Stb in die nächsten 13 M, 2 Lm, 2 Lm übg, 1 Stb in nächste Lm, wenden.

7. R: 10 Lm, 1 Stb in 8. Lm von der Nadel, 2 Lm, 2 Lm übg, je 1 Stb in die nächsten 13 M, 2 Lm,

□ offener Bl.
▨ gefüllter Bl.

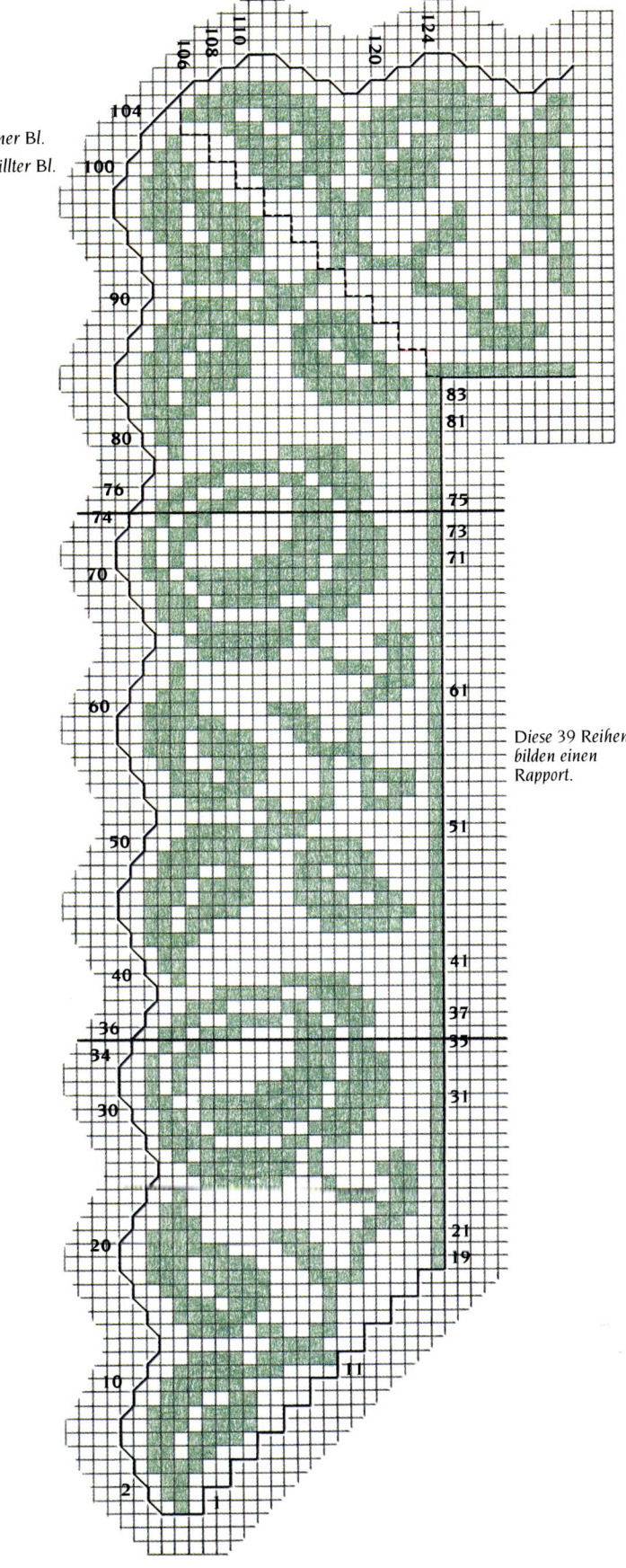

Diese 39 Reihen bilden einen Rapport.

2 Stb übg, je 1 Stb in die nächsten 10 M, (2 Lm, 2 Lm übg, 1 Stb in nächste M) 2x, wenden.
8. R: 4 Lm (zählen als 1 Dstb – abgenommener halber Blk), übg (1. Stb, 2 Lm), 1 Stb in nächstes Stb, 2 Lm, 2 Lm übg, je 1 Stb in die nächsten 10 Stb, 2 Lm, 2 Lm übg, je 1 Stb in die nächsten 13 Stb, (2 Lm, 2 Lm übg, 1 Stb in nächste M) 2x, wenden.
Diese 8 Reihen bilden das Gitter und beginnen die erste Hälfte der ersten Ecke zu formen.
Das Gitter richtig fortführen und die Form nach Vorlage und wie oben beschrieben arbeiten.
Der Vorlage folgen:
R 1–19 vollenden (erste Hälfte der ersten Ecke).
* R 20–74 arbeiten.
R 36–74 nochmals wiederholen, dann R 75–84 arbeiten.
R 85–105 arbeiten, dabei an der Innenkante abnehmen, wie die Linie auf der Vorlage zeigt (erste Hälfte der nächsten Ecke).
Nun R 106–124 arbeiten, dabei die Reihenenden der R 85–105 als Lm-Anschlag verwenden.
Für die zweite Seite nun wieder R 20–105 arbeiten.
Diese Ecke wie die erste vollenden, dazu R 106–124 arbeiten.*
Für die dritte und vierte Seite von * bis * wdh.
Faden befestigen.

FERTIGSTELLUNG
Ecknaht schließen. Die Arbeit nach dem vorgegebenen Maß aufstecken und bügeln. Den Stoff zuschneiden und so säumen, daß er in die Mitte der Borte paßt. Die Borte sorgfältig von Hand an den Stoff nähen.

Garn oder Farbe
Wechseln

*Für die meisten Handarbeiten brauchen
Sie mehr als ein Knäuel Garn – Sie müssen also
einen neuen Faden anlegen können. Außerdem werden
nicht alle Arbeiten einfarbig gehäkelt, so daß Sie
auch den Farbwechsel beherrschen sollten.*

Neuen Faden anlegen

Damit die Arbeit ordentlich wirkt und keine gelösten Garnenden zu sehen sind, sollten Sie einen neuen Faden, wenn möglich, nur am Rand der Arbeit anlegen. Natürlich kann sich das manchmal als ziemlich schwierig erweisen – vor allem bei einer runden Arbeit, die gar keinen Rand hat! Wenn Sie einen neuen Faden anlegen, machen Sie auf keinen Fall einen Knoten.

Da der letzte Arbeitsgang jeder Häkelmasche zugleich den ersten Teil der neuen Masche darstellt, müssen die Garnfarben folglich gewechselt werden, kurz bevor eine Masche fertig ist. Meist läßt man die Garnenden beim Wechseln hängen und vernäht sie später. Wenn Sie jedoch ein ziemlich festes Muster häkeln, können Sie die losen Enden gleich mit einhäkeln. Die Anzahl der Maschen, die Sie über das Ende arbeiten, hängt vom Muster und von der Garnstärke ab.

Wenn Sie Streifen arbeiten, führen Sie das Garn locker an der Seite der Arbeit (oder auf der linken Seite, falls Sie in Runden häkeln) mit. Eine Umrandung kann dann über diese losen Fäden gehäkelt werden und sie völlig einschließen.

Häkeln Sie mit zwei stark kontrastierenden Farben oder ist das Muster stark durchbrochen und spitzenartig, schimmert die gerade nicht benutzte Farbe auf der rechten Seite vielleicht durch – selbst wenn sie von den Maschen in der zweiten Farbe eingeschlossen wird. In diesen Fällen beginnt man besser für jeden Farbblock einen neuen Faden und vernäht die losen Enden nach Fertigstellung der Arbeit. Achten Sie darauf, daß Sie die Garnenden in denselben Farbbereichen vernähen.

Ebenso sollten Sie zum Zusammennähen von Kanten, an denen verschiedene Farbbereiche aufeinanderfolgen, jeweils dieselbe Garnfarbe benutzen, in der die zu verbindenden Kanten gearbeitet wurden. Das kann bedeuten, daß Sie mehrere Garnfäden einsetzen müssen – wenn Sie beim Häkeln bereits lange Enden hängenlassen, können Sie diese für die Naht verwenden.

Vorlagen für Farbmuster folgen

Häkelmuster für mehrere Farben werden oft nach Vorlage gearbeitet. Bei diesen Vorlagen entspricht jedes Quadrat einer Masche und eine Reihe von Quadraten einer Maschenreihe. Manchmal werden Vorlagen farbig dargestellt, doch häufig sind sie schwarzweiß, und die Quadrate zeigen Symbole, die für unterschiedliche Farben der Maschen stehen. Der die Vorlage begleitende Schlüssel erklärt, wie sich die Symbole auf die einzelnen Garnfarben verteilen. In der Anleitung wird dann erklärt, welches Maschenmuster Grundlage für diese Vorlage ist. Von nun an folgen Sie einfach der Vorlage und wechseln die Farben nach Bedarf.

NEUEN FADEN ANLEGEN

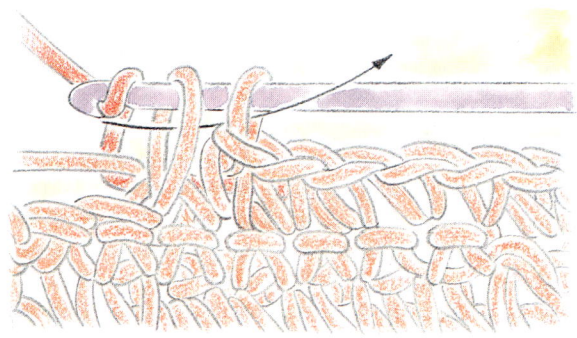 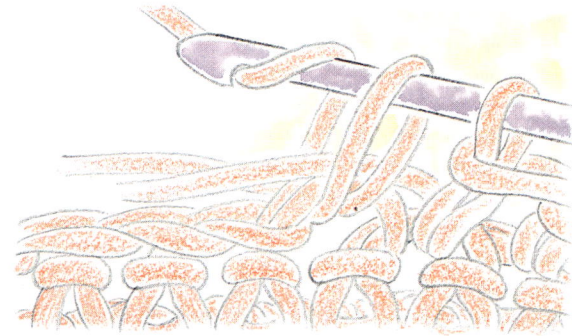

◆ Muß in einer Reihe oder Runde ein neuer Faden angelegt werden, den alten einfach fallenlassen. Den neuen Faden auf die Nadel nehmen und weiterarbeiten. Am Ende der Arbeit beide Enden miteinander befestigen und die losen Enden vernähen.

◆ Um lose Enden einzuhäkeln, zum neuen Garn wechseln und die beiden losen Enden auf der linken Seite der Arbeit festhalten. Mit den nächsten Maschen die Enden umschließen. Sobald sie sich nicht mehr lösen können, die Enden fallenlassen und weiterarbeiten. Die losen Enden später abschneiden.

FARBE WECHSELN

 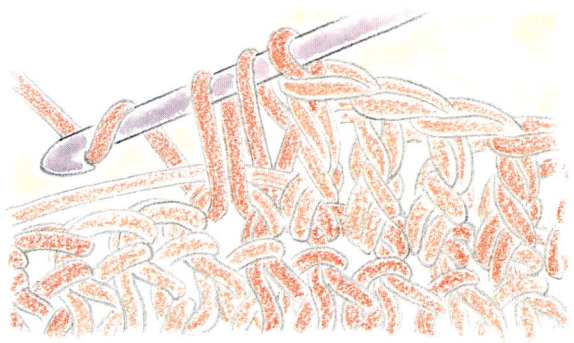

◆ Das Häkelmuster arbeiten, bis die *vorletzte* Masche in der ersten Farbe beendet ist. Nun die letzte Masche arbeiten bis auf den letzten Arbeitsgang ›Faden holen und durchziehen‹. Das Garn der ersten Farbe fallenlassen und die neue Farbe aufnehmen. Die Masche mit dieser neuen Farbe fertigarbeiten und weiterhäkeln.

◆ Bei vielen kleinen Bereichen in verschiedenen Farben muß man das Garn nicht jedesmal neu anlegen und abschneiden. Wie Garnenden beim Fadenanlegen eingehäkelt werden, kann auch andersfarbiges Garn von einem Bereich zum nächsten mitgeführt werden, indem man es zwischen zwei Bereichen mit den andersfarbigen Maschen einhäkelt.

Nadel & Faden HÄKELN

VERFÜHRERISCHES MUSTER

Diese Kissen bestehen nur aus festen Maschen. Das farbenfrohe Muster wird nach Vorlage gehäkelt. Mit einem dicken Baumwollgarn sind die Kissen rasch fertiggestellt.

GRÖSSE

Das fertige Kissen mißt ca. 40 cm im Quadrat.

SIE BENÖTIGEN

5 Knäuel à 50 g Patons Laguna DK in der Hauptfarbe (H – creme oder schwarz)

1 Knäuel à 50 g des gleichen Garns in jeder der vier Kontrastfarben (A – lachs, B – braun, C – grün und D – rot)

Häkelnadel, 3,50 mm

Kissenfüllung, 40 x 40 cm

MASCHENPROBE

18 M, 21 R auf 10 cm, gemessen über feste Maschen, gehäkelt mit einer 3,50-mm-Häkelnadel.

KISSENRÜCKSEITE

Mit der 3,50-mm-Häkelnadel und H 74 Lm anschlagen.
1. R (re): 1 fM in die zweite Lm von der Nadel aus, 1 fM in jede Lm bis zum Ende, wenden. 73 M.
2. R: 1 Lm (zählt *nicht* als M), 1 fM in die erste fM, 1 fM in jede fM bis zum Ende, wenden. Die 2. R bildet das Muster aus festen Maschen und wird wiederholt. Weitere 82 Reihen arbeiten. Faden befestigen.

KISSENVORDERSEITE

Wie die Kissenrückseite arbeiten, aber der Mustervorlage folgen.

FERTIGSTELLUNG

Die Zunge der Schlange mit B auf die Kissenvorderseite aufsticken. Vorder- und Rückseite des Kissens an drei Kanten zusammennähen, dann die Kissenfüllung einziehen und die vierte Kante schließen.

☐ H (creme/schwarz) ■ A (lachs) ■ B (braun) ■ C (grün) ■ D (rot)

Struktur verleihen

*Es gibt viele Möglichkeiten, einer Häkelarbeit
Struktur zu verleihen – doch immer liegen die gleichen
Maschen zugrunde. Die Art, wie man
einsticht, ist dabei entscheidend.*

Die meisten Maschen werden gehäkelt, indem man die Nadel von vorn nach hinten unter den beiden obenliegenden Fäden der entsprechenden Masche der Vorreihe hindurch einsticht. Wird nun an einer anderen Stelle eingestochen, entsteht Struktur. Sie können nur einen der beiden Fäden – vorn oder hinten – erfassen oder um die Masche herum arbeiten – auch hier wieder von vorn oder von hinten.

Reliefmaschen

Um Reliefmaschen zu erhalten, arbeitet man, statt oben in die Masche der Vorreihe einzustechen, *um die Masche herum*. Die Masche selbst wird genauso gehäkelt wie immer, nur an einer anderen Stelle.

Jede Masche läßt sich auf diese Weise variieren, aber da tiefer als in die Oberkante der Vorreihe eingestochen wird, sind die fertigen Maschen weniger hoch. Bei kleinen Maschen gibt es außerdem nichts, um das herum gearbeitet werden könnte. Die am häufigsten verwendete Reliefmasche ist das Reliefstäbchen, das auf (halbe) Stäbchen gearbeitet wird.

In nur eine Schlinge einstechen

Statt unter beiden Schlingen an der Oberkante einer Masche hindurch einzustechen, strukturiert es die Arbeit, wenn man nur eine der Schlingen erfaßt. Auf dem so entstehenden Gewebe bilden die nicht erfaßten Schlingen eine Linie.

Maschengruppen

Mehrere Maschen in eine Stelle zu arbeiten, schafft nicht nur hübsche Muster, sondern auch interessante Oberflächenstrukturen. Stichgruppen lassen sich oben auf unterschiedliche Weise verbinden. Eine stärker hervortretende Noppe kann aus fünf in eine Stelle gearbeitete Stäbchen dadurch entstehen, wie die einzelnen Stiche oben zusammengeführt werden. Für eine muschelartige Wirkung arbeiten Sie die Stäbchen einzeln wie üblich. Dann ziehen Sie die Nadel aus der letzten Schleife, stechen sie oben durch die erste Masche dieser Gruppe und wieder zurück in die Schlinge. Holen Sie den Faden und ziehen Sie die Schlinge durch die Schlingen auf der Nadel. In der nächsten Reihe darüber stechen Sie nur in die zuletzt gearbeitete Masche ein, die anderen bleiben frei und bilden die offene Kante der Muschel.

Strukturierte Motive

Dreidimensionale Motive entstehen, wenn man hinter die Maschen der Vorrunde arbeitet. Dabei wird die Nadel in oder um die Maschen eingestochen. Mit dieser Methode können Sie rosenähnliche Blüten häkeln, die in die Mitte von Motiven plaziert oder selbst als Motive verwendet werden. Hier bilden die Runden hintereinanderliegende Blütenblätter.

Sobald einige Runden als innerste und oberste Blütenblätter fertig sind, häkeln Sie hinter diese ersten Blätter eine weitere Runde als Grundlage für die nächste. Meist wird dies eine Runde von Luftmaschenschlingen, die an der Rückseite der Grundrunde für die ersten Blütenblätter befestigt ist. Die nächsten Blütenblätter werden dann in die Schlingen gearbeitet. Sie können auf diese Art verschiedene Lagen von Blättern aufbauen.

RELIEFSTÄBCHEN

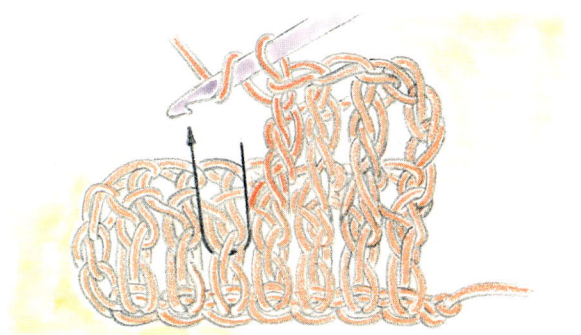

◆ Für ein **Reliefstäbchen vorn**, oder **R-Stb v**, Faden holen und mit der Nadel von vorn und von rechts nach links um die darunterliegende Masche herum einstechen. Eine Schlinge durchziehen und zweimal »U und durch 2 Schlingen ziehen« durchführen.

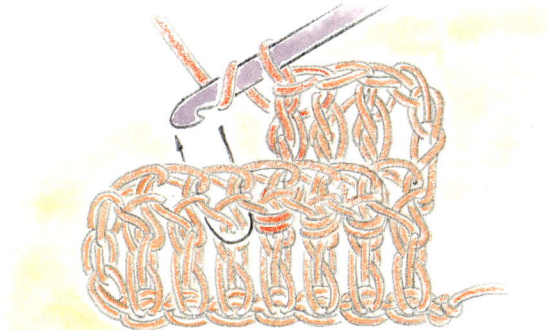

◆ Um ein **Reliefstäbchen hinten**, oder **R-Stb h**, zu arbeiten, die Nadel von hinten und von rechts nach links um die darunterliegende Masche herum einstechen.

NICHTAUFGENOMMENE SCHLINGEN

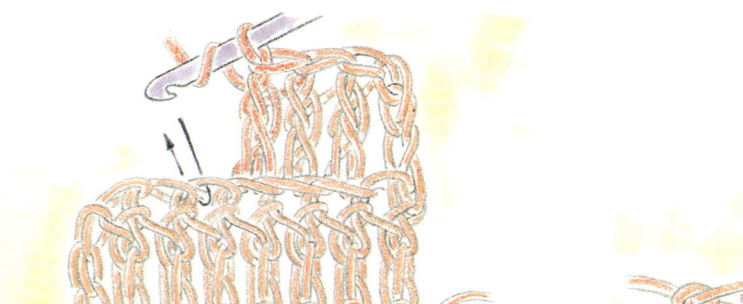

◆ Dieser Strukturstich wird genauso gearbeitet wie die normale Masche, doch statt mit der Nadel unter beiden Schlingen hindurch einzustechen, erfaßt man nur eine. Die Häkelanleitung gibt vor, ob nur in die vordere oder nur in die hintere Schlinge gearbeitet werden soll.

BÜSCHELMASCHEN

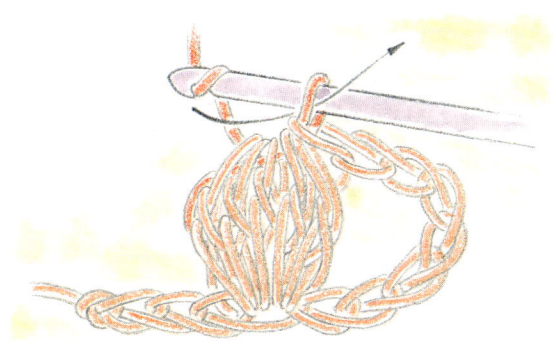

◆ Fünf Stäbchen an einer Stelle zusammengehäkelt, **5 Stb zus**, bilden eine kleine Noppe auf der Oberfläche der Arbeit. Würde man sie in fünf verschiedene Maschen arbeiten, wäre die Wirkung flacher, fächerartig. Fünf Stäbchen in dieselbe Stelle zu arbeiten, ohne sie oben zu verbinden, erzielt eine muschelartige Wirkung, die zwar wenig Struktur verleiht, aber einen bogenförmigen Rand bildet.

Nadel & Faden HÄKELN **57**

Deckchen und Sets

Verwenden Sie dasselbe einfache Muschelmuster aus Stäbchengruppen, um verschiedene hübsche Deckchen zu arbeiten. Nur die Farben und die Umrandung ändern sich.

GRÖSSE

Das kleine Set mißt 11 cm im Quadrat. Das große Set mißt 30 x 24 cm.

SIE BENÖTIGEN

Frühstücksgedeck

1 Knäuel à 50 g Häkelbaumwolle Anchor Liana 5 jeweils in Rot und Weiß

Häkelnadel, 1,75 mm

Deckchen

2 Knäuel à 50 g Häkelbaumwolle Anchor Liana 5

Häkelnadel, 1,75 mm

ANMERKUNGEN

Frühstücksgedeck und Deckchen werden im gleichen Muster gearbeitet, letztere jedoch einfarbig. Das Frühstücksgedeck besteht aus einem kleinen und einem großen Set, zu den Deckchen gehören zwei kleine und ein großes.

MASCHENPROBE

36 M, 19 R auf 10 cm, gemessen über Muschelmuster, gehäkelt mit einer 1,75-mm-Häkelnadel.

Frühstücksgedeck
KLEINES SET

Mit der Häkelnadel und mit Rot 32 M anschlagen.

Grundreihe (li): 1 fM in die 2. Lm von der Nadel aus, *2 Lm übg, 5 Stb in die nächste Lm, 2 Lm übg, 1 fM in die nächste Lm, von * bis zum Ende wdh, wenden. 31 M. Weiß anlegen und im Must arbeiten wie folgt:

1. R (re): Mit Weiß 3 Lm (zählen als 1. Stb), 2 Stb in die fM direkt an den 3 Lm, *2 Stb übg, 1 fM in das nächste Stb, 2 Stb übg, 5 Stb in die nächste fM, von * ab bis zu den letzten 6 M wdh, 2 Stb übg, 1 fM ins nächste Stb, 2 Stb übg, 3 Stb in die nächste fM, wenden.

2. R: Mit Rot 1 Lm (zählt *nicht* als M), 1 fM ins 1. Stb, *2 Stb übg, 5 Stb in die nächste fM, 2 Stb übg, 1 fM in das nächste Stb, von * ab wdh bis zum Ende, wenden. Diese beiden Reihen bilden das Muschelmuster und werden wiederholt.

Weitere 12 R im Must arbeiten und mit der 2. Must-R in Rot enden. Am Ende der letzten R wenden, Garne nicht abschneiden und nicht befestigen.

Rand arbeiten

Nun einen Rand um die gesamte Außenkante arbeiten wie folgt:

1. Rd (re): Mit Rot, 1 Lm (zählt *nicht* als M), 3 fM in die erste (Eck-)fM, (je 1 fM in die nächsten 9 M, 1 M übg) 2x, je 1 fM in die nächsten 9 M, 3 fM in die letzte (Eck-)M, 27 fM an der Reihenendkante bis zur nächsten Ecke arbeiten (dabei letzte und Grundreihe auslassen, also 3 fM für jedes Stb oder Wende-Lm am Reihenende und 1 fM für jede fM am Reihenende). An der Grundreihenkante arbeiten wie folgt: 3 fM in die erste (Eck-) Lm, (je 1 fM in die nächsten 9 Lm, 1 Lm übg) 2x, je 1 fM in die nächsten 9 Lm, 3 fM in die letzte (Eck-)Lm, 27 fM an der verbleibenden Reihenendkante häkeln, Km zur ersten fM. *** Rot abschneiden.

2. Rd: Mit Weiß 1 Lm (zählt *nicht* als M), je 1 fM in die fM bis zum Ende, 3 fM in die mittlere fM der Eckgruppe arbeiten und mit Km zur ersten fM enden.** Die 2. Rd noch 2x wdh. Faden befestigen. Aufstecken und bügeln.

GROSSES SET

Mit der Häkelnadel und mit Rot 104 M anschlagen.

Die Grundreihe wie für das kleine Set arbeiten. 103 M.
Nun 40 R im Muschelmuster wie für das kleine Set arbeiten. Mit der 2. Must-R in Rot enden. Am Ende der letzten Reihe wenden, Garn nicht abschneiden und nicht befestigen.

Rand arbeiten
Nun einen Rand um die gesamte Außenkante wie folgt arbeiten:
1. Rd (re): Mit Rot 1 Lm (zählt *nicht* als M), 3 fM in die erste (Eck-)fM, (je 1 fM in die nächsten 33 M, 1 M übg) 2x, je 1 fM in die nächsten 33 M, 3 fM in die letzte (Eck-)M, 79 fM gleichmäßig entlang der Reihenendkante bis zur nächsten Ecke arbeiten.
Nun entlang der Grundreihenkante arbeiten wie folgt:
3 fM in die erste (Eck-)Lm, (je 1 fM in die nächsten 33 Lm, 1 Lm übg) 2x, je 1 fM in die nächsten 33 Lm, 3 fM in die letzte (Eck-)Lm, 79 fM an der verbleibenden Reihenendkante häkeln, Km zur ersten fM.
Fertigarbeiten wie für das kleine Set ab ***

Deckchen
(zwei kleine und ein großes Set)

Alle Sets wie für das Frühstücksgedeck bis ** arbeiten, jedoch in nur einer Farbe.
3. Rd: Km in die mittlere fM der Eckgruppe, 1 Lm (zählt *nicht* als M), 1 fM in diese mittlere fM der Ecke, *1 fM übg, 4 Stb in die nächste fM, 1 fM übg, 1 fM in die nächste fM, von * ab wdh, dabei die letzte fM durch eine Km oben in die erste fM ersetzen.
Faden befestigen.

ENTSPANNENDES RELIEF

Diese Brücke verleiht einer Landhausküche eine gemütliche Atmosphäre. Reliefstäbchen ergeben eine strukturierte Wirkung, und da die Brücke aus maschinenwaschbarem Baumwollgarn besteht, ist sie auch praktisch. Für Bad oder Schlafzimmer könnten Sie eine zweite in Pastell häkeln.

GRÖSSE

Die fertige Brücke ist ohne Fransen ca. 76 cm breit und 117 cm lang.

SIE BENÖTIGEN

22 Knäuel à 50 g Patons Laguna DK

Häkelnadeln der Stärken 3,00 mm und 3,50 mm

BESONDERE ABKÜRZUNGEN

R-hStb h – halbes Reliefstäbchen hinten: halbes Stäbchen arbeiten wie gewohnt, jedoch die Nadel von der Rückseite der Arbeit von rechts nach links um die Masche der Vorreihe herum einstechen.

R-Stb h – Reliefstäbchen hinten: Stäbchen arbeiten wie gewohnt, jedoch die Nadel von der Rückseite der Arbeit von rechts nach links um die Masche der Vorreihe herum einstechen.

R-hStb v – halbes Reliefstäbchen vorn: halbes Stäbchen arbeiten wie gewohnt, aber die Nadel von der Vorderseite der Arbeit von rechts nach links um die Masche der Vorreihe herum einstechen.

R-Stb v – Reliefstäbchen vorn: Stäbchen arbeiten wie gewohnt, aber die Nadel von der Vorderseite der Arbeit von rechts nach links um die Masche der Vorreihe herum einstechen.

MASCHENPROBE

20 M, 13 R auf 10 cm, gemessen über das Muster, gehäkelt mit einer 3,50-mm-Häkelnadel.

MUSTERAUSSCHNITT MIT RAUTE (37 M)

1. R: 1 R-Stb h um die nächsten 37 M.
2. R: 1 R-Stb v um die nächsten 37 M. 1. und 2. R nochmals wdh.
5. R: 1 R-Stb h um die nächsten 18 M, 1 R-Stb v um die nächste M, 1 R-Stb h um die nächsten 18 M.
6. R: 1 R-Stb v um die nächsten 17 M, 1 R-Stb h um die nächsten 3 M, 1 R-Stb v um die nächsten 17 M.
7. R: 1 R-Stb h um die nächsten 16 M, 1 R-Stb v um die nächsten 5 M, 1 R-Stb h um die nächsten 16 M.
8. R: 1 R-Stb v um die nächsten 15 M, 1 R-Stb h um die nächsten 7 M, 1 R-Stb v um die nächsten 15 M.
9. R: 1 R-Stb h um die nächsten 14 M, 1 R-Stb v um die nächsten 9 M, 1 R-Stb h um die nächsten 14 M.
10. R: 1 R-Stb v um die nächsten 13 M, 1 R-Stb h um die nächsten 11 M, 1 R-Stb v um die nächsten 13 M.
11. R: 1 R-Stb h um die nächsten 12 M, 1 R-Stb v um die nächsten 13 M, 1 R-Stb h um die nächsten 12 M.
12. R: 1 R-Stb v um die nächsten 11 M, 1 R-Stb h um die nächsten 15 M, 1 R-Stb v um die nächsten 11 M.
13. R: 1 R-Stb h um die nächsten 10 M, 1 R-Stb v um die nächsten 17 M, 1 R-Stb h um die nächsten 10 M.
14. R: 1 R-Stb v um die nächsten 10 M, 1 R-Stb h um die nächsten 17 M, 1 R-Stb v um die nächsten 10 M.
15. R: 1 R-Stb h um die nächsten 11 M, 1 R-Stb v um die nächsten 15 M, 1 R-Stb h um die nächsten 11 M.
16. R: 1 R-Stb v um die nächsten 12 M, 1 R-Stb h um die nächsten

13 M, 1 R-Stb v um die nächsten 12 M.
17. R: 1 R-Stb h um die nächsten 13 M, 1 R-Stb v um die nächsten 11 M, 1 R-Stb h um die nächsten 13 M.
18. R: 1 R-Stb v um die nächsten 14 M, 1 R-Stb h um die nächsten 9 M, 1 R-Stb v um die nächsten 14 M.
19. R: 1 R-Stb h um die nächsten 15 M, 1 R-Stb v um die nächsten 7 M, 1 R-Stb h um die nächsten 15 M.
20. R: 1 R-Stb v um die nächsten 16 M, 1 R-Stb h um die nächsten 5 M, 1 R-Stb v um die nächsten 16 M.
21. R: 1 R-Stb h um die nächsten 17 M, 1 R-Stb v um die nächsten 3 M, 1 R-Stb h um die nächsten 17 M.
22. R: 1 R-Stb v um die nächsten 18 M, 1 R-Stb h um die nächste M, 1 R-Stb v um die nächsten 18 M.
1. und 2. R noch 2x wdh.
Diese 26 Reihen bilden den Musterausschnitt mit Raute.

MUSTERAUSSCHNITT MIT QUADRAT (37 M)
1. R: 1 R-Stb h um die nächsten 37 M.
2. R: 1 R-Stb v um die nächsten 37 M. 1. und 2. R nochmals wdh.
5. R: 1 R-Stb h um die nächsten 10 M, 1 R-Stb v um die nächsten 17 M, 1 R-Stb h um die nächsten 10 M.
6. R: 1 R-Stb v um die nächsten 10 M, 1 R-Stb h um die nächsten 17 M, 1 R-Stb v um die nächsten 10 M. 5. und 6. R noch 8x wdh.
1. und 2. R noch 2x wdh.
Diese 26 Reihen bilden den Musterausschnitt mit Quadrat.

BRÜCKE
Mit der 3,50-mm-Häkelnadel 151 M anschlagen.
Grundreihe (li): 1 hStb in die 4. Lm von der Nadel aus, 1 hStb in jede Lm bis zum Ende. 149 M.
Rippenmuster beginnen
1. R (re): 2 Lm (zählen als 1. M), *1 R-Stb v um die nächste M, 1 R-Stb h um die nächste M, wdh ab * bis zu den letzten 2 M, 1 R-Stb v um die nächste M, 1 R-hStb h um die Wende-Lm, wenden.
2. R: 2 Lm (zählen als 1. M), *1 R-Stb h um die nächste M, 1 R-Stb v um die nächste M, wdh ab * bis zu den letzten 2 M, 1 R-Stb h um die nächste M, 1 R-hStb v um die Wende-Lm, wenden.
Diese zwei Reihen bilden das Rippenmuster und werden wiederholt. 1. und 2. R noch 3x wdh.
Musterausschnitte beginnen
9. R (re): 10 Rippen, nächste 37 M als 1. R des Rautenmusterausschnitts arbeiten, 9 Rippen, nächste 37 M als 1. R des Quadratmusterausschnitts arbeiten, 9 Rippen, nächste 37 M als 1. R des Rautenmusterausschnitts arbeiten, 10 Rippen, wenden.
10. R: 10 Rippen, nächste 37 M als 2. R des Rautenmusterausschnitts arbeiten, 9 Rippen, nächste 37 M als 2. R des Quadratmusterausschnitts arbeiten, 9 Rippen, nächste 37 M als 2. R des Rautenmusterausschnitts arbeiten, 10 Rippen, wenden.
So weiterarbeiten, bis alle 26 Reihen der Musterausschnitte beendet sind. 1. und 2. R 4x wdh.
43. R (re): 10 Rippen, nächste 37 M als 1. R des Quadratmusterausschnitts arbeiten, 9 Rippen, nächste 37 M als 1. R des Rautenmusterausschnitts arbeiten, 9 Rippen, nächste 37 M als 1. R des Quadratmusterausschnitts arbeiten, 10 Rippen, wenden.
44. R: 10 Rippen, nächste 37 M als 2. R des Quadratmusterausschnitts arbeiten, 9 Rippen, nächste 37 M als 2. R des Rautenmusterausschnitts arbeiten, 9 Rippen, nächste 37 M als 2. R des Quadratmusterausschnitts arbeiten, 10 Rippen, wenden.
So weiterarbeiten, bis alle 26 Reihen der Musterausschnitte beendet sind. 1. und 2. R 4x wdh. 76 Reihen. 9. bis 76. R nochmals wdh. 144 Reihen. Faden nicht abschneiden.
Rand arbeiten
Mit 3,00-mm-Häkelnadel.
Randrunde (re): 1 Lm (zählt *nicht* als M), 1 fM in jede Masche bis zur letzten, 3 fM in die letzte M, zur 3,50-mm-Häkelnadel wechseln und entlang der Reihenendkante arbeiten, 1 fM in jedes Reihenende, nicht wenden. Nun in Krebsstich (fM von links nach rechts) entlang der Reihenendkante arbeiten. Faden befestigen. Faden an der Ecke des Lm-Anschlags am Ende des bereits fertigen Seitenrands neu anlegen und, mit der 3,00-mm-Nadel beginnend, Randreihen an den beiden verbleibenden Kanten arbeiten wie zuvor. Faden befestigen.
Fransen
Garnstücke von je ca. 20 cm Länge zuschneiden und in Gruppen von je drei Stück an den Schmalkanten in die Eckmaschen und in jede vierte Masche knoten. Enden geradeschneiden.

Gut gepolstert

Diese Kissen besitzen ein ganz einfaches Strukturmuster – indem man die Stäbchen um die Maschen der Vorreihe herum häkelt, entstehen raffinierte Effekte wie Karos und Diagonalstreifen.

GRÖSSE

Rundes Kissen

Der Durchmesser beträgt ca. 35 cm.

Rechteckiges Kissen

Die Seitenlänge beträgt ca. 30 x 40 cm.

SIE BENÖTIGEN

Rundes Kissen

5 Knäuel à 50 g Patons Pearl DK

Häkelnadel, 3,50 mm

Kissenfüllung, 35 cm im Durchmesser

Rechteckiges Kissen

7 Knäuel à 50 g Patons Pearl DK

Häkelnadel, 3,50 mm

Kissenfüllung, 30 x 40 cm

BESONDERE ABKÜRZUNGEN

R-Stb h – Reliefstäbchen hinten: Stäbchen arbeiten wie gewohnt, jedoch die Nadel von der Rückseite der Arbeit von rechts nach links um die Masche der Vorreihe herum einstechen.

R-Stb v – Reliefstäbchen vorn: Stäbchen arbeiten wie gewohnt, jedoch die Nadel von der Vorderseite der Arbeit von rechts nach links um die Masche der Vorreihe herum einstechen.

MASCHENPROBE

22 M, 14 R auf 10 cm, gemessen über das Muster, gehäkelt mit der 3,50-mm-Häkelnadel.

RUNDES KISSEN

5 Lm anschlagen und mit einer Km zu einem Ring verbinden.

1. Rd: 2 Lm (zählen als 1. M), 9 hStb in den Ring, Km oben in die 2 Lm.

2. Rd: 2 Lm (zählen als 1. M), 1 hStb in die nächsten 9 M, Km oben in die 2 Lm.

3. Rd: 2 Lm (zählen als 1. M), 1 hStb gleich in die Masche an den 2 Lm (2 hStb zwischen die eben gearbeitete und die nächste M, 1 hStb in die nächste M) 9x, 1 hStb zwischen die eben gearbeitete und die nächste M, Km oben in die 2 Lm.

4. Rd: 2 Lm (zählen als 1. M), 1 hStb in die nächsten 29 M, Km oben in die 2 Lm.

5. Rd: 2 Lm (zählen als 1. M), 1 hStb gleich in die Masche an den 2 Lm, 1 hStb in die nächsten 2 M, *2 hStb zwischen die eben gearbeitete und die nächste M, 1 hStb in die nächsten 3 M, wdh ab * noch 8x, 1 hStb zwischen die eben gearbeitete und die nächste M, Km oben in die 2 Lm.

6. Rd: 2 Lm (zählen als 1. M), 1 hStb in die nächsten 49 M, Km oben in die 2 Lm.

7. Rd: 2 Lm (zählen als 1. M), 1 hStb gleich in die Masche an den 2 Lm, 1 hStb in die nächsten 4 M, *2 hStb zwischen die eben gearbeitete und die nächste M, 1 hStb in die nächsten 5 M, wdh ab * noch 8x, 1 hStb zwischen die eben gearbeitete und die nächste M, Km oben in die 2 Lm.

8. Rd: 2 Lm (zählen als 1. M), 1 hStb in die nächsten 69 M, Km oben in die 2 Lm.

9. Rd: 2 Lm (zählen als 1. M), 1 R-Stb v um die M unter den 2 Lm, 1 R-Stb h um die nächsten 5 M, 1 R-Stb v um die nächste M, *2 hStb zwischen die eben gearbeitete und die nächste M, 1 R-Stb v um die nächste M, 1 R-Stb h um die nächsten 5 M, 1 R-Stb v um die nächste M, wdh ab * noch 8x, 1 hStb zwischen die eben gearbeitete und die nächste M, Km oben in die 2 Lm.

10. Rd: 2 Lm (zählen als 1. M), 1 R-Stb v um die nächste M, *1 R-Stb h um die nächsten 5 M, 1 R-Stb v um die nächsten 4 M, wdh ab * noch 8x, 1 R-Stb h um die nächsten 5 M, 1 R-Stb v um die nächsten 2 M, Km oben in die 2 Lm.

11. Rd: 2 Lm (zählen als 1. M), 1 R-Stb v um die M unter den 2 Lm, 1 R-Stb v um die nächste M, 1 R-Stb h um die nächsten 5 M, 1 R-Stb v um die nächsten 2 M, *2 hStb zwischen die eben gearbeitete und die nächste M, 1 R-Stb v um die nächsten 2 M, 1 R-Stb h um die nächsten 5 M, 1 R-Stb v um die nächsten 2 M, wdh ab * noch 8x, 1 hStb zwischen die eben gearbeitete und die nächste M, Km oben in die 2 Lm.

12. Rd: 2 Lm (zählen als 1. M), 1 R-Stb v um die nächsten 2 M, *1 R-Stb h um die nächsten 5 M, 1 R-Stb v um die nächsten 6 M, wdh ab * noch 8x, 1 R-Stb h um die nächsten 5 M, 1 R-Stb v um die nächsten 3 M, Km oben in die 2 Lm.

13. Rd: 2 Lm (zählen als 1. M), 1 R-Stb h um die M unter den 2 Lm, je 1 R-Stb h um die nächsten 2 M, 1 R-Stb v um die nächsten 5 M, 1 R-Stb h um die nächsten 3 M, *2 hStb zwischen die eben gearbeitete und die nächste M, 1 R-Stb h um die nächsten 3 M, 1 R-Stb v um die nächsten 5 M, 1 R-Stb h um die nächsten 3 M, wdh ab * noch 8x, 1 hStb zwischen die eben gearbeitete und die nächste M, Km oben in die 2 Lm.

14. Rd: 2 Lm (zählen als 1. M), 1 R-Stb h um die nächsten 3 M, *1 R-Stb v um die nächsten 5 M, 1 R-Stb h um die nächsten 8 M, wdh ab * noch 8x, 1 R-Stb v um die nächsten 5 M, 1 R-Stb h um die nächsten 4 M, Km oben in die 2 Lm.

15. Rd: 2 Lm (zählen als 1. M), 1 R-Stb h um die M unter den 2 Lm, 1 R-Stb h um die nächsten 3 M, 1 R-Stb v um die nächsten 5 M, 1 R-Stb h um die nächsten 4 M, *2 hStb zwischen die eben gearbeitete und die nächste M, 1 R-Stb h um die nächsten 4 M, 1 R-Stb v um die nächsten 5 M, 1 R-Stb h um die nächsten 4 M, wdh ab * noch 8x, 1 hStb zwischen die eben gearbeitete und die nächste M, Km oben in die 2 Lm.

16. Rd: 2 Lm (zählen als 1. M), 1 R-Stb h um die nächsten 4 M, *1 R-Stb v um die nächsten 5 M, 1 R-Stb h um die nächsten 10 M, wdh ab * noch 8x, 1 R-Stb v um die nächsten 5 M, 1 R-Stb h um die nächsten 5 M, Km oben in die 2 Lm.

17. Rd: 2 Lm (zählen als 1. M), 1 R-Stb v um die M unter den 2 Lm, 1 R-Stb v um die nächsten 4 M, 1 R-Stb h um die nächsten 5 M, 1 R-Stb v um die nächsten 5 M, *2 hStb zwischen die eben gearbeitete und die nächste M, 1 R-Stb v um die nächsten 5 M, 1 R-Stb h um die nächsten 5 M, 1 R-Stb v um die nächsten 5 M, wdh ab * noch 8x, 1 hStb zwischen die eben gearbeitete und die nächste M, Km oben in die 2 Lm.

18. Rd: 2 Lm (zählen als 1. M), *1 R-Stb v um die nächsten 5 M, 1 R-Stb h um die nächsten 5 M, 1 R-Stb v um die nächsten 5 M, 1 R-Stb h um die nächsten 2 M, wdh ab * noch 8x, 1 R-Stb v um

die nächsten 5 M, 1 R-Stb h um
die nächsten 5 M, 1 R-Stb v um
die nächsten 5 M, 1 R-Stb h um
die nächste M, Km oben in die
2 Lm.

19. Rd: 2 Lm (zählen als 1. M),
1 R-Stb h um die M unter den
2 Lm, 1 R-Stb v um die nächsten
5 M, 1 R-Stb h um die nächsten
5 M, 1 R-Stb v um die nächsten
5 M, 1 R-Stb h um die nächste
M, *2 hStb zwischen die eben
gearbeitete und die nächste M,
1 R-Stb h um die nächste M,
1 R-Stb v um die nächsten 5 M,
1 R-Stb h um die nächsten 5 M,
1 R-Stb v um die nächsten 5 M,
1 R-Stb h um die nächste M,
wdh ab * noch 8x, 1 hStb zwischen
die eben gearbeitete und die
nächste M, Km oben in die 2 Lm.

20. Rd: 2 Lm (zählen als 1. M),
1 R-Stb h um die nächste M,
*1 R-Stb v um die nächsten 5 M,
1 R-Stb h um die nächsten 5 M,
1 R-Stb v um die nächsten 5 M, 1
R-Stb h um die nächsten 4 M,
wdh ab * noch 8x, 1 R-Stb v um
die nächsten 5 M, 1 R-Stb h um
die nächsten 5 M, 1 R-Stb v um
die nächsten 5 M, 1 R-Stb h um
die nächsten 2 M, Km oben in
die 2 Lm.

21. Rd: 2 Lm (zählen als 1. M),
1 R-Stb h um die M unter den
2 Lm, 1 R-Stb v um die nächste
M, 1 R-Stb h um die nächsten
5 M, 1 R-Stb v um die nächsten
5 M, 1 R-Stb h um die nächsten
5 M, 1 R-Stb v um die nächsten
2 M, *2 hStb zwischen die eben
gearbeitete und die nächste M,
1 R-Stb v um die nächsten 2 M,
1 R-Stb h um die nächsten 5 M,
1 R-Stb v um die nächsten 5 M,
1 R-Stb h um die nächsten 5 M,

1 R-Stb v um die nächsten 2 M,
wdh ab * noch 8x, 1 hStb zwischen
die gerade gearbeitete M und
die nächste, Km oben in die 2 Lm.

22. Rd: 2 Lm (zählen als 1. M),
1 R-Stb v um die nächsten 2 M,
*1 R-Stb h um die nächsten 5 M,
1 R-Stb v um die nächsten 5 M,
1 R-Stb h um die nächsten 5 M,
1 R-Stb v um die nächsten 6 M,
wdh ab * noch 8x, 1 R-Stb h um
die nächsten 5 M, 1 R-Stb v um
die nächsten 5 M, 1 R-Stb h um
die nächsten 5 M, 1 R-Stb v um
die nächsten 3 M, Km oben in
die 2 Lm.

23. Rd: 2 Lm (zählen als 1. M),
1 R-Stb v um die M unter den
2 Lm, 1 R-Stb v um die nächsten
2 M, 1 R-Stb h um die nächsten
5 M, 1 R-Stb v um die nächsten
5 M, 1 R-Stb h um die nächsten
5 M, 1 R-Stb v um die nächsten
3 M, *2 hStb zwischen die eben
gearbeitete und die nächste M,
1 R-Stb v um die nächsten 3 M,
1 R-Stb h um die nächsten 5 M,
1 R-Stb v um die nächsten 5 M,
1 R-Stb h um die nächsten 5 M,
1 R-Stb v um die nächsten 3 M,
wdh ab * noch 8x, 1 hStb zwischen
die eben gearbeitete und die
nächste M, Km oben in die 2 Lm.

24. Rd: 2 Lm (zählen als 1. M),
1 R-Stb v um die nächsten 3 M,
*1 R-Stb h um die nächsten 5 M,
1 R-Stb v um die nächsten 5 M,
1 R-Stb h um die nächsten 5 M,
1 R-Stb v um die nächsten 8 M,
wdh ab * noch 8x, 1 R-Stb h um
die nächsten 5 M, 1 R-Stb v um
die nächsten 5 M, 1 R-Stb h um
die nächsten 5 M, 1 R-Stb v um
die nächsten 4 M, Km oben in
die 2 Lm. Faden befestigen.

Zweite Seite
Wie die erste Seite arbeiten, Faden am Ende nicht abschneiden.
Seiten li auf li zus halten und zum Verbinden eine Rd fM durch die letzte Rd beider Seiten häkeln. Nach der Hälfte der Naht die Kissenfüllung einziehen.
Nun eine Rd Krebsstich (fM von li nach re) um den Rand häkeln.
Faden befestigen.

RECHTECKIGES KISSEN
132 Lm anschlagen und mit einer Km zu einem Ring verbinden, ohne sie zu verdrehen.
Grundrunde: 2 Lm (zählen als 1. M), 1 hStb in jede Lm bis zum Ende, Km oben in die 2 Lm.
132 M. Diagonalmuster:
1. Rd (re): 2 Lm (zählen als 1. M),
1 R-Stb v um die nächsten 5 M,
*1 R-Stb h um die nächsten 6 M,
1 R-Stb v um die nächsten 6 M,
ab * wdh bis zu den letzten 6 M,
1 R-Stb h um die nächsten 6 M,
Km oben in die 2 Lm.

2. Rd: 2 Lm (zählen als 1. M),
1 R-Stb v um die nächsten 4 M,
*1 R-Stb h um die nächsten 6 M,
1 R-Stb v um die nächsten 6 M,

ab * wdh bis zu den letzten 7 M,
1 R-Stb h um die nächsten 6 M,
1 R-Stb v um die nächste M, Km oben in die 2 Lm.
3. Rd: 2 Lm (zählen als 1. M),
1 R-Stb v um die nächsten 3 M,
*1 R-Stb h um die nächsten 6 M,
1 R-Stb v um die nächsten 6 M,
ab * wdh bis zu den letzten 8 M,
1 R-Stb h um die nächsten 6 M,
1 R-Stb v um die nächsten 2 M,
Km oben in die 2 Lm.
4. Rd: 2 Lm (zählen als 1. M),
1 R-Stb v um die nächsten 2 M,
*1 R-Stb h um die nächsten 6 M,
1 R-Stb v um die nächsten 6 M,
ab * wdh bis zu den letzten 9 M,
1 R-Stb h um die nächsten 6 M,
1 R-Stb v um die nächsten 3 M,
Km oben in die 2 Lm.
5. Rd: 2 Lm (zählen als 1. M),
1 R-Stb v um die nächste M,
*1 R-Stb h um die nächsten 6 M,
1 R-Stb v um die nächsten 6 M,
ab * wdh bis zu den letzten 10 M,
1 R-Stb h um die nächsten 6 M,
1 R-Stb v um die nächsten 4 M,
Km oben in die 2 Lm.
6. Rd: 2 Lm (zählen als 1. M),
*1 R-Stb h um die nächsten 6 M,
1 R-Stb v um die nächsten 6 M,
ab * wdh bis zu den letzten 11 M,
1 R-Stb h um die nächsten 6 M,
1 R-Stb v um die nächsten 5 M,
Km oben in die 2 Lm.
7. Rd: 2 Lm (zählen als 1. M),
1 R-Stb h um die nächsten 5 M,
*1 R-Stb v um die nächsten 6 M,
1 R-Stb h um die nächsten 6 M,
ab * wdh bis zu den letzten 6 M,
1 R-Stb v um die nächsten 6 M,
Km oben in die 2 Lm.
8. Rd: 2 Lm (zählen als 1. M),
1 R-Stb h um die nächsten 4 M,
*1 R-Stb v um die nächsten 6 M,
1 R-Stb h um die nächsten 6 M,
ab * wdh bis zu den letzten 7 M,
1 R-Stb v um die nächsten 6 M,
1 R-Stb h um die nächste M,
Km oben in die 2 Lm.
9. Rd: 2 Lm (zählen als 1. M),
1 R-Stb h um die nächsten 3 M,
*1 R-Stb v um die nächsten 6 M,
1 R-Stb h um die nächsten 6 M,
ab * wdh bis zu den letzten 8 M,
1 R-Stb v um die nächsten 6 M,
1 R-Stb h um die nächsten 2 M,
Km oben in die 2 Lm.
10. Rd: 2 Lm (zählen als 1. M),
1 R-Stb h um die nächsten 2 M,
*1 R-Stb v um die nächsten 6 M,
1 R-Stb h um die nächsten 6 M,
ab * wdh bis zu den letzten 9 M,
1 R-Stb v um die nächsten 6 M,
1 R-Stb h um die nächsten 3 M,
Km oben in die 2 Lm.
11. Rd: 2 Lm (zählen als 1. M),
1 R-Stb h um die nächste M,
*1 R-Stb v um die nächsten 6 M,
1 R-Stb h um die nächsten 6 M,
ab * wdh bis zu den letzten 10 M,
1 R-Stb v um die nächsten 6 M,
1 R-Stb h um die nächsten 4 M,
Km oben in die 2 Lm.
12. Rd: 2 Lm (zählen als 1. M),
*1 R-Stb v um die nächsten 6 M,
1 R-Stb h um die nächsten 6 M,
ab * wdh bis zu den letzten 11 M,
1 R-Stb v um die nächsten 6 M,
1 R-Stb h um die nächsten 5 M,
Km oben in die 2 Lm.
Diese 12 Rd bilden das Diagonalmuster und werden wiederholt. Rd 1–12 noch 3x wdh, dann Rd 1–6 1x wdh. Faden befestigen. Den Schlauch zusammenlegen und ein Ende mit einer Reihe fM durch beide Lagen schließen. Dann an dieser Kante eine Reihe Krebsstich (fM von li nach re) häkeln. Faden befestigen. Kissenfüllung einziehen und die zweite Seite genauso schließen.

FERTIGSTELLUNG

*Nachdem die einzelnen Teile Ihrer Häkelarbeit fertig sind,
müssen sie noch richtig verbunden werden.*

Nähte kann man von Hand zusammennähen oder mit einer Reihe Häkelmaschen verbinden. Zum **Zusammennähen** nehmen Sie das gleiche Garn wie zum Häkeln. Wenn Sie am Anfang oder Ende der Häkelarbeit einen langen Faden hängenlassen, können Sie diesen benutzen, um die Teile zusammenzunähen. Verwenden Sie eine stumpfe Sticknadel mit großem Öhr, damit die einzelnen Fäden des Garns sacht auseinandergeschoben statt geteilt werden.

Zusammenhäkeln von Nähten geht rasch und einfach, und da eine solche Naht ebenso dehnbar ist wie die Häkelarbeit selbst, verzerrt sie das fertige Stück nicht. Verwenden Sie eine Häkelnadel derselben Stärke wie für die Hauptteile und natürlich auch das gleiche Garn. Beim Verbinden von Reihenendkanten die Häkelnadel durch beide Lagen einstechen wie für einen Häkelrand. Nach Fertigstellung aller Nähte die Fadenenden vernähen.

KANTEN VERBINDEN

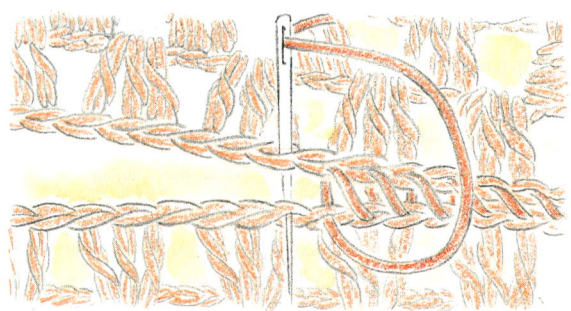

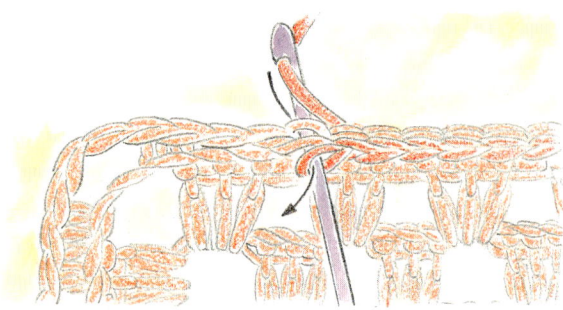

◆ Beim Zusammennähen der Häkelteile von Hand hängt der verwendete Stich vom Häkelmuster ab. Zwei Reihenoberkanten kann man mit Rückstich verbinden, wobei jeder Stich unter beide Schlingen an der Reihenoberkante hindurch eingestochen wird. So entstehen jedoch ziemlich dicke Nähte. Um flachere Nähte zu erhalten, die Kanten mit kleinen Überwendlichstichen verbinden.

◆ Um zwei Reihenoberkanten zusammenzuhäkeln, beide Teile rechts auf rechts aneinanderhalten. Das Garn an einem Ende der Naht anlegen und an der Kante eine Reihe feste Maschen arbeiten. Die Oberkanten der Teile zeigen vor dem Verbinden immer zwei Schlingenreihen bzw. »Ketten«. Für die gehäkelte Naht von jeder Kante eine Schlinge aufnehmen, pro Masche an der Kante eine Masche häkeln.

FLOWER POWER

Dieses kleine Deckchen bietet eine ideale Gelegenheit, bunte Häkelgarnreste zu verbrauchen! Arbeiten Sie die Blumen alle in einer Farbe oder nehmen Sie mehrere Farbtöne.

GRÖSSE
Das fertige Deckchen mißt ca. 21 cm im Durchmesser.

SIE BENÖTIGEN
1 Knäuel à 50 g Häkelbaumwolle Anchor Liana 10 in den drei Farben (H – creme, A – rosa und B – grün)
Häkelnadel, 1,50 mm

MASCHENPROBE
Eine Blume mißt 4 cm im Durchmesser.

BLUME (6 Stück arbeiten)
5 Lm mit A anschlagen und mit einer Km zum Ring verbinden.
1. Rd: 5 Lm (zählen als 1 Stb und 2 Lm), (1 Stb in den Ring, 2 Lm) 7x, Km in die 3. von 5 Lm am Rd-Anf.
2. Rd: (1 fM, 1 Lm, 2 Stb, 1 Lm, 1 fM) in jede Lm-Lü bis zum Ende.
3. Rd: Hinter die Blütenblätter der 2. Rd arbeiten:
1 fM um das Stb der 1. Rd zwischen erstem und letztem Blütenblatt der 2. Rd, 3 Lm, (1 fM um das nächste Stb der 1. Rd, 3 Lm) 7x, Km in die erste fM.
4. Rd: 4 Lm (zählen als 1 Dstb), (1 Stb, 1 Lm, 1 fM, 1 Lm, 1 Stb, 1 Dstb) in die erste Lm-Lü, (1 Dstb, 1 Stb, 1 Lm, 1 fM, 1 Lm, 1 Stb, 1 Dstb) in jede Lm-Lü bis zum Ende, Km oben in die 4 Lm am Rd-Anf.
5. Rd: 1 Lm, hinter die Blütenblätter der 4. Rd arbeiten:
(1 Stb um die fM der 3. Rd, 3 Lm) 8x, Km ins erste Stb.
6. Rd: (1 fM, 1 Lm, 1 Stb, 3 Dstb, 1 Stb, 1 Lm, 1 fM) in jede Lm-Lü bis zum Ende.
Faden befestigen. 5 weitere Blumen ebenso arbeiten.

BLÄTTER (12 Stück arbeiten)
Erstes Blatt
11 Lm mit B anschlagen.
1. R: 1 fM in die 2. Lm von der Nadel, je 1 fM in die nächsten 8 Lm, 3 fM in die letzte Lm, nun am Streifen entlang in die verbleibende Schlinge des Lm-Anschlags zurückarbeiten: je 1 fM in die nächsten 7 Lm, wenden. Nun wie folgt weiterarbeiten und *dabei nur in die hintere Schlinge der M einstechen:*
2. R: 1 Lm, 1 fM in die erste fM, je 1 fM in die nächsten 7 fM, 3 fM in die nächste fM, je 1 fM in die nächsten 7 fM, wenden.
3. R: Km ins mittlere Dstb des Blütenblatts einer Blume, 1 fM in die erste fM des Blatts, je 1 fM in die nächsten 7 fM, 3 fM in die nächste fM, je 1 fM in die nächsten 7 fM, wenden.
4. bis 6. R: wie 2. R
7. R: Km ins mittlere Dstb des nächsten Blütenblatts derselben Blume, 1 fM in die erste fM des Blatts, je 1 fM in die nächsten 7 fM, Km in nächste fM.
Faden befestigen.

Zweites Blatt
Bis zum Ende der 1. R genauso arbeiten wie das erste Blatt.
2. R: Km ins mittlere Dstb des Blütenblatts einer zweiten Blume, 1 fM in die erste fM des Blatts, je 1 fM in die nächsten 7 fM, 3 fM in die nächste fM, je 1 fM in die nächsten 7 fM, wenden.
3. R: 1 Lm, 1 fM in die erste fM, je 1 fM in die nächsten 7 fM, 3 fM in die nächste fM, je 1 fM in die nächsten 7 fM, wenden.
4. und 5. R: wie 3. R
6. R: wie 2. R.
7. R: 1 Stb in die Lm-Lü am Anf der 6. R des ersten Blatts, 1 fM in die erste fM des zweiten Blatts, je 1 fM in die nächsten 7 fM, Km zur nächsten fM.
Faden befestigen.

Drittes Blatt
Wie das erste Blatt arbeiten, mit der zweiten Blume verbinden, zwei Blütenblätter zwischen den Blättern frei lassen.

Viertes Blatt
Wie das zweite Blatt arbeiten, mit der dritten Blume und dem dritten Blatt verbinden.

Fünftes Blatt
Wie das erste Blatt arbeiten, mit der dritten Blume verbinden, zwei Blütenblätter zwischen den Blättern frei lassen.

Sechstes Blatt
Wie das zweite Blatt arbeiten, mit der vierten Blume und dem fünften Blatt verbinden.
11 Blätter arbeiten, miteinander und mit den Blumen verbinden.

Zwölftes Blatt
Wie das zweite Blatt; mit der freien Kante der ersten Blume und dem elften Blatt verbinden, nicht den Streifen verdrehen. Blätter und Blumen nun zu einem Ring verbinden – an der Innenkante sind zwei freie Blütenblätter an jeder Blume zwischen den Blättern sowie die unteren Spitzen der Blätter (wo das Garn befestigt wurde) frei.

MITTELTEIL
10 Lm mit H anschlagen und mit einer Km zum Ring verbinden.

1. Rd: 5 Lm (zählen als 1 Dstb und 1 Lm), (1 Dstb in den Ring, 1 Lm) 23x, Km in die 4. von 5 Lm am Rd-Anf.

2. Rd: 6 Lm (zählen als 1 Dstb, 2 Lm), (1 Lm übg, 1 Dstb ins nächste Dstb, 2 Lm) 23x, Km in die 4. von 6 Lm am Rd-Anf.

3. Rd: 11 Lm (zählen als 1 Dstb, 7 Lm), *übg (2 Lm, 1 Dstb, 2 Lm),

1 Dstb ins nächste Dstb, 7 Lm, wdh ab * 10x, Km in die 4. von 11 Lm am Rd-Anf.

4. Rd: 6 Lm (zählen als 1 Dstb, 2 Lm), 4 Stb in die nächste Lm-Lü, 2 Lm, (1 Dstb ins nächste Dstb, 2 Lm, 4 Stb in die nächste Lm-Lü, 2 Lm) 11x, Km in die 4. von 6 Lm am Rd-Anf.

5. Rd: 6 Lm (zählen als 1 Dstb, 2 Lm), 1 Dstb unten in die 6 Lm, 3 Lm, 2 Lm übg, je 1 Stb in die nächsten 4 Stb, 3 Lm, *2 Lm übg, (1 Dstb, 2 Lm, 1 Dstb) ins nächste Dstb, 3 Lm, 2 Lm übg, je 1 Stb in die nächsten 4 Stb, 3 Lm, wdh ab * noch 10x, Km in die 4. von 6 Lm am Rd-Anf.

6. Rd: 4 Lm (zählen als 1 Dstb), 4 Dstb in die erste Lm-Lü, 5 Lm, übg (1 Dstb, 3 Lm, 1 Stb), je 1 Stb in die nächsten 2 Stb, 5 Lm, *übg (1 Stb, 3 Lm, 1 Stb), 5 Dstb in die nächste Lm-Lü, 5 Lm, übg (1 Dstb, 3 Lm, 1 Stb), je 1 Stb in die nächsten 2 Stb, 5 Lm, wdh ab * noch 10x, Km oben in die 4 Lm am Rd-Anf.

7. Rd: 1 Lm (zählt als 1. fM), je 1 fM in die nächsten 4 Dstb, 5 Lm, 5 Lm übg, 1 Dstb zwischen die nächsten 2 Stb, 5 Lm, *5 Lm übg, je 1 fM in die nächsten 5 Dstb, 5 Lm, 5 Lm übg, 1 Dstb zwischen die nächsten 2 Stb, 5 Lm, wdh ab * noch 10x, Km in die erste fM.

8. Rd: 1 Lm (zählt als 1. fM), 1 fM in jede M bis zum Ende, Km in die erste fM.

9. Rd: 4 Lm (zählen als 1 Stb, 1 Lm), erste 2 M übg, (1 Stb in die nächste fM, 1 Lm, 1 fM übg) bis zum Ende, Km in die 3. von 4 Lm am Rd-Anf.

Blumen und Blätter mit dem Mittelteil verbinden

10. Rd: Km in die 1. Lm-Lü, 1 Lm (zählt *nicht* als M), 1 fM in dieselbe Lm-Lü, *3 Lm, 1 fM ins zweite freie Blütenbl. einer Blume, 6 Lm, 3 Lm-Lü des Mittelteils übg, 1 fM in die nächste Lm-Lü, 6 Lm, 1 fM in die untere Spitze des nächsten Bl., 3 Lm, 3 Lm-Lü des Mittelteils übg, 1 fM in die nächste Lm-Lü, 3 Lm, 1 fM in die untere Spitze des nächsten Bl., 6 Lm, 3 Lm-Lü des Mittelteils übg, 1 fM in die nächste Lm-Lü, 6 Lm, 1 fM ins erste freie Blütenbl. der nächsten Blume, 3 Lm, 3 Lm-Lü des Mittelteils übg **, 1 fM in die nächste Lm-Lü, wdh ab * noch 5x, mit der letzten Wdh an ** enden, Km oben in die erste fM.
Faden befestigen.
Arbeit nach dem vorgegebenen Maß aufstecken und bügeln. Blütenblätter nicht quetschen.